THE UNPLUGGED ALPHA 2ND EDITION (VERSIÓN ESPAÑOLA)

THE NO BULLSH*T GUIDE TO WINNING WITH LIFE & WOMEN

RICHARD COOPER

Editada por
STEVE FROM ACCOUNTING

Copyright © 2020 - 2023 por Richard Cooper

Reservados todos los derechos. Este libro o cualquier parte del mismo no puede reproducirse

reproducirse o utilizarse de ninguna manera sin el permiso expreso por escrito de la editorial, salvo para el uso de breves citas en una reseña literaria.

Los sucesos y conversaciones que aparecen en este libro se han recogido lo mejor que se ha podido, aunque algunos nombres y detalles han sido modificados para proteger la intimidad de las personas.

Aunque el autor y el editor han hecho todo lo posible para garantizar que la

información de este libro era correcta en el momento de su publicación, el autor y el editor

no asumen y por la presente declinan toda responsabilidad ante cualquier parte por cualquier pérdida, daños o trastornos causados por errores u omisiones, tanto si dichos errores u omisiones se deban a negligencia, accidente o cualquier otra causa.

Ninguna información contenida en este libro pretende sustituir el consejo médico de un médico titulado. El lector debe consultar regularmente a un médico colegiado en asuntos relacionados con su salud, especialmente respecto a cualquier síntoma que pueda requerir diagnóstico o atención médica.

Segunda edición, 2023

ISBNS

Edición en tapa dura: 978-1-7380859-3-4

Edición en rústica: 978-1-7380859-2-7

Edición digital de libros electrónicos: 978-1-7380859-4-1

1818 Dundas Street East,

Suite 202, Whitby, Ontario, L1N 2L4

www.richcooper.ca

Dedico este libro a todos los hombres del mundo que nunca tuvieron un modelo masculino fuerte que les enseñara la cruda realidad de la mujer moderna y del mundo en que vivimos.

ÍNDICE

Mi desconexión	13
Testimonio de Steve (Su desconexión)	19

1. LOS SIETE PARÁMETROS DE UN HOMBRE DE ALTO VALOR — 23

El aspecto	25
Dinero	29
Estatus	32
Cautivación	34
Marco	35
El poder de las afirmaciones "yo" frente a "tú"	38
Desenchufarse	39
Juego	40
La cruda verdad	42
Informe de campo de Steve el de Contabilidad	43

2. LO QUE NO ES IMPORTANTE TE LA SUDA — 45

Autocontrol	46
Dominar el autocontrol	48
¿Cómo se refuerza el autocontrol?	49
La cruda verdad	50
Informe de campo de SteveFromAccounting	51

3. TESTOSTERONA Y SALUD — 53

Óptimo frente a normal	55
Mi protocolo TRT	56
Cómo aumentar la testosterona de forma natural	57
Evita los campos electromagnéticos (CEM)	60
En conclusión	60
La cruda verdad	61
Informe de campo de Steve el de Contabilidad	62

4. DOMINA LA VIOLENCIA   65
   La mejor defensa es un buen ataque   66
   Ponte a prueba   67
   La cruda verdad   68
   Informe de campo de Steve el de Contabilidad   68

5. TENER UNA MOTO   71
   Terapia masculina   72
   Intereses compartidos   73
   Para terminar   74
   La cruda realidad   75
   Informe de campo de Charles   76

6. CONTRATA DESPACIO, PERO DESPIDE RÁPIDO   79
   Mi experiencia con una madre soltera   80
   La experiencia del socio comercial   81
   La cruda verdad   82
   Informe de campo de Steve el de Contabilidad   82

7. EL ORDEN SOCIAL PRIMARIO FEMENINO   85
   Los hombres, el sexo desechable   86
   Novias de guerra   89
   "Masculinidad tóxica"   89
   Rinocerontes extintos   92
   El camino a seguir   92
   La dura y fría verdad   92
   Informe de campo de Steve el de Contabilidad   93

8. CUANDO "LOS HOMBRES SIGUEN SU PROPIO   95
   CAMINO" (MGTOW)
   Los peligros de la "Furia de la píldora roja"   96
   Ríndete a la naturaleza femenina   97
   Aprender a aceptarla y luego navegar por ella   98
   La solución de la "Píldora Negra   98
   Muñecas sexuales e Inteligencia Artificial   99
   Los verdaderos MGTOW   101
   El auge de los incel   101
   Más vale prevenir que curar   102
   Profundicemos en las matemáticas utilizadas...   103
   En conclusión   104

La cruda realidad	105
Informe de campo de Steve el de Contabilidad	106

9. PRIMATES PROMISCUOS — 109
   Se nos da fatal la monogamia — 110
   Cómo cambia constantemente su estrategia sexual — 111
   ¿Dónde están el amor y el compromiso? — 112
   Sus ciclos — 112
   Sexo al amanecer — 113
   Cornudez — 115
   La proclividad de los hombres a la "Oneitis" — 116
   Entra en la teoría del plato — 117
   Haz girar esos platos — 119
   Una relación monógama a largo plazo (LTR) — 121
   La prueba del tatuaje — 124
   Relación abierta — 125
   Poliamor — 126
   En conclusión — 126
   La cruda verdad — 128
   Informe de campo de Steve el de Contabilidad — 129

10. POR QUÉ IMPORTA EL AUTÉNTICO DESEO ARDIENTE — 131
    Cómo determinar su interés — 131
    Una puntuación de 9 - 10 muestra un auténtico deseo ardiente — 132
    Una Puntuación de 7 - 8 muestra Indiferencia — 133
    Una Puntuación de 1 a 6 muestra que son Detractoras — 133
    Sé atractivo, no poco atractivo — 134
    Cómo medir tu VMS — 135
    Sexo validativo frente a sexo transaccional — 136
    En conclusión — 137
    La cruda verdad — 137
    Informe de campo de Steve el de Contabilidad — 137

11. LAS REGLAS DE LAS MUJERES - PARA QUIÉN   141
LAS HACEN Y PARA QUIÉN LAS ROMPEN
Entra la amazona   142
Mil concesiones   145
La cruda verdad   147
Informe de campo de Steve el de Contabilidad   148

12. 21 SEÑALES DE ALARMA   151
Bandera roja n° 1 - Problemas con papá   152
Bandera roja n° 2 - Feministas   155
Bandera roja n° 3 - La infeliz y desafortunada   157
Bandera roja n° 4 - Compite contigo   157
Bandera roja n° 5 - Mantiene cerca a hombres de   158
su pasado
Bandera roja n° 6 - Problemas de dinero   159
Bandera roja n° 7 - Mujeres violentas   159
Bandera roja n° 8 - Celos extremos   160
Bandera roja n° 9 - Chicas fiesteras   161
Bandera roja n° 10 - Mujeres muy tatuadas y con   162
piercings
Bandera roja n° 11 - Lista interminable de   163
muescas
Bandera roja n° 12 - Madres solteras   165
Bandera roja n° 13 - Mujeres que buscan   165
validación
Bandera roja n° 14 - Era una Sugar Baby, una   166
aficionada exclusiva o una trabajadora sexual
Bandera roja n° 15 - Mentirosas patológicas   167
Bandera roja n° 16 - Rabia de bebé   168
Bandera roja n° 17 - Ataques de ira   168
Bandera roja n° 18 - Tener el control del parto   170
Bandera roja n° 19 - Reinas del drama   171
Bandera roja n° 20 - Adicciones   172
Bandera roja n° 21 - No se deja guiar   172
Conclusión   173
La cruda verdad   173
Informe de campo de Steve el de Contabilidad   174

13. ENCONTRAR CHICAS ONLINE 177
    La cruda verdad sobre las citas online 177
    Cómo evaluar tu valor 178
    Cómo obtener resultados 179
    FOTOGRAFÍA 179
    Tu biografía 182
    Enviando mensajes 183
    La cita, también conocida como "La prueba del olfato" 184
    Echar un polvo e hilar fino 186
    Controla siempre la natalidad 188
    La cruda verdad 189
    Informe de campo de Steve el de Contabilidad 190

14. MADRES SOLTERAS 195
    Cornudez 196
    Responsabilidad sin autoridad 197
    La mentalidad de víctima 198
    Cuestiones económicas 199
    Repriorización 200
    El GRAN riesgo 200
    Cuando salir con una madre soltera -puede- tener sentido 201
    La cruda verdad 201
    Informe de campo de Steve el de Contabilidad 202

15. POR QUÉ LOS HOMBRES INTELIGENTES EVITAN EL MATRIMONIO 205
    Derecho de familia 207
    Acusaciones de violencia doméstica: la baza de la mujer 208
    Cómo se comportan las mujeres durante el divorcio 209
    Cómo el Estado anima a las mujeres a ser madres solteras 212
    Argumentos a favor del matrimonio 214
    Divorcio y suicidio 216
    Los niños y el divorcio 217
    Cómo cambia el matrimonio a los hombres 218
    Cómo minimizar los riesgos del matrimonio 220

Conclusión	224
La cruda verdad	225
Informe de campo de Steve el del Contabilidad	226
16. EL VEREDICTO DE STEVE - EL CONSEJO DE RICH FUNCIONA	229
17. EN CONCLUSIÓN	231
18. GLOSARIO	233
Oneitis (del inglés one)	233
Platos giratorios	233
VMS (Valor de Mercado Sexual)	234
"El muro"	234
Siguiente suave ("Soft Next")	235
Prueba de mierda (shit test)	235
Hipergamia	236
Postfacio	237
Listas de reproducción de EiC en YouTube	239

MI DESCONEXIÓN

"Aprende de los errores de los demás, no puedes vivir lo suficiente para cometerlos todos tú mismo".
~ Eleanor Roosevelt

En lo que respecta a cometer errores, de 2011 a 2015 fueron años terribles para mí. Apenas había sobrevivido a un divorcio, mi galardonado negocio estaba casi en ruinas y mi corazón estaba hecho pedazos por una terrible experiencia con una madre soltera con la que salí después del divorcio.

Supe que había tocado fondo cuando me planteé seriamente el suicidio en 2011. Recuerdo que conducía mi camioneta por la autopista y pensaba: "Si me la clavo, me quito el cinturón de seguridad y me estrello contra un pilar de hormigón de la autopista, todo acabará rápido".

Vivía en lo que los psicólogos han denominado "'Teoría del Mundo Seguro". Un sistema de creencias que es un lugar de refugio, y que se hizo añicos por completo durante estos años. Hacia principios de 2016 tenía todos los síntomas del Trastorno de Estrés Postraumático (o TEPT).

Algo tenía que cambiar, y rápido. Pero no era el mundo, el gobierno o las mujeres lo que tenía que cambiar. Era yo. Necesitaba despertar y actualizar mi sistema de creencias porque

Mi desconexión

lo que creía y estaba haciendo, claramente, no me estaba funcionando.

En diciembre de 2016, inicié mi recuperación cuando estaba en un prestigioso retiro para hombres. Estaba hablando con un amigo durante el desayuno sobre la vida, y me recomendó un libro llamado "El Hombre Racional", de Rollo Tomassi. Inició mi camino hacia un pensamiento más claro y me ayudó a desenchufarme de las mentiras reconfortantes. Pronto vi las incómodas verdades sobre el mundo con las que, como hombres, luchamos con demasiada frecuencia.

Es un libro que se abre con la pregunta "¿Por qué me duelen los ojos?". Y la respuesta... "Nunca los has usado antes". La cita está tomada de la película "Matrix". Durante esta infame escena, Morfeo ofreció dos píldoras a Neo: una azul y otra roja.

La "Píldora Azul" ofrece un punto de vista de falsedad, seguridad y la dichosa ignorancia de la ilusión. La perspectiva de la "píldora roja" nos ofrece el conocimiento, la libertad y la verdad, a veces dolorosa, de la realidad.

Me había suscrito a la idea de que lo bueno, virtuoso y fuerte siempre prevalecerá sobre todo lo malo, doloroso y maligno. Sin embargo, duros golpes a mi sistema de creencias me obligaron a cuestionar esa noción y a adaptarme en consecuencia.

En 2011, inicié el proceso de divorcio, pocos años después de que naciera mi único hijo. Rápidamente experimenté la desgarradora realidad de lo mal que el derecho de familia trata a los hombres en el mundo occidental actual. Cómo el derecho de familia, y un orden social primario que da prioridad a la mujer, anima a las mujeres a comportarse de forma horrible, y sin remordimientos, con el padre del niño.

Además, durante el periodo de separación, también me vi obligada a defender un ataque a la empresa que fundé diez años antes. Este ataque, perpetrado por emisores de tarjetas de crédito con enormes equipos jurídicos, amenazaba con dejarnos fuera del negocio cambiando una legislación que nos estrangularía financieramente.

Tras una llamada telefónica para poner al día a mi coach empresarial en 2011, recuerdo vívidamente que cerré la puerta de

Mi desconexión

mi despacho y me aparté de la ventana (para que mi personal no pudiera verme). Entonces apoyé la cara en la palma de las manos y empecé a llorar desconsoladamente.

Sólo dos años antes, estaba en las nubes. Había construido una casa multimillonaria a medida, mi negocio prosperaba, estaba casado con una abogada que creía mi "alma gemela" y era padre de un niño sano. En un año había pagado la hipoteca y me había comprado el coche de mis sueños.

De repente, sentí que mi mundo ardía a mi alrededor. Antes del divorcio, mi familia y mis amigos íntimos siempre confiaron en mí por ser su roca, por ser inquebrantable. Sentirme así no era propio de mí.

Gasté 60.000 dólares en grupos de presión y un año y medio de mi vida intentando salvar mi negocio. Estaba a cargo de 23 empleados y teníamos miles de clientes. Para que el negocio volviera a ser viable, tuvimos que pivotar en una dirección casi impracticable, lo que me puso en una situación en la que tuve que convertirme en la persona peor pagada de mi empresa para que las cosas funcionaran.

El golpe final que me hizo despertar se produjo en 2015, tras dedicar casi tres años a una relación con una madre soltera y sus dos hijos pequeños. Una mujer en la que creía, a la que amaba y en la que confiaba me traicionó de un modo que no podía comprender. Puse una enorme cantidad de capital personal en una mujer y sus hijos. Sólo para que ella abusara de mí, me mintiera y, en última instancia, me engañara.

Todo mi mundo era una ilusión, y eso destrozó por completo mis creencias.

Tras la ruptura, y durante más tiempo del que me gustaría admitir, volví a experimentar el trauma a través de recuerdos angustiosos e intrusivos de los hechos, escenas retrospectivas y pesadillas. A menudo me despertaba a las 3 de la madrugada y no podía volver a dormirme porque mi mente intentaba inconscientemente reconciliar lo ocurrido.

Empecé a experimentar entumecimiento emocional y a evitar lugares, personas y actividades que me recordaban el trauma.

Mi desconexión

También tenía grandes dificultades para concentrarme y hacer las cosas. Todos estos eran síntomas de TEPT.

El trauma es una reacción normal a acontecimientos anormales que desbordan la capacidad de una persona para adaptarse a la vida. Te dejan creyendo que eres impotente.

Una cosa que ocurre cuando empiezas a desconectar es que tus sentidos se agudizan y se vuelven más conscientes. Adquieres una nueva sensación de claridad; cosas o acontecimientos que antes podían haberte engañado, se hacen más evidentes y empiezas a comprender realmente por qué sucedieron ciertos acontecimientos en tu pasado. Nos referimos a este proceso como "desenchufar" y lo hacemos actualizando nuestro antiguo sistema de creencias.

Mientras que algunos hombres se enfadan cuando se desenchufan de creencias que no les servían, a mí me tranquilizó. Tomé conciencia. Los acontecimientos de mi vida que antes no tenían sentido, por fin lo tenían y quería ver hasta dónde podía llegar en la madriguera metafórica. Necesitaba una salida y un lugar donde expresar las lecciones que estaba aprendiendo sobre cómo vivir la vida en el mundo actual como hombre.

Afortunadamente, como ya tenía una plataforma, un público y un banco de pruebas para recibir comentarios sobre mis teorías, me lancé de lleno a hacer vídeos en YouTube.

Tras sentirme frustrado por mi divorcio y los ataques a mi negocio por parte de la competencia, el 23 de mayo de 2014 creé un canal de YouTube para unir mis dos mayores pasiones en la vida: Emprender y los coches rápidos. Grabé vídeos, los subí a YouTube y llamé al canal "Entrepreneurs in Cars" (Emprendedores en Coches). Empecé mostrando a mis amigos emprendedores en sus viajes de éxito, y luego dando consejos empresariales y lecciones desde las trincheras como emprendedor.

Pero pronto me quedé sin amigos con coches chulos e historias que contar. Fue entonces cuando un espectador habitual de mi trabajo me dijo: "Haz un vídeo sobre los distintos tipos de mujeres con las que no debes salir".

Bueno, acababa de romper con mi madre soltera y tenía mucha experiencia sobre lo que no hay que hacer en la vida, así que empecé a compartir esas historias y a dejar que mis heridas se convirtieran en mi trabajo.

Desde que empecé a hablar de cómo los hombres podían ser mejores, adoptando una "lente Red Pill" para ver el mundo, he tenido más de 500 millones de visitas en varios canales de vídeo. Pronto me llovieron las preguntas de mis espectadores que buscaban claridad sobre aspectos de la vida en los que estaban atascados. Principalmente sobre citas, divorcio, matrimonio, autocuidado, negocios y dinero. También recibí tantas preguntas de personas que estaban atravesando sus propias dificultades para desconectar que empecé a asesorarlas individualmente. Empecé a tomar copiosas notas y a hacer vídeos sobre las lecciones que aprendía.

Este libro es una recopilación de mis propias experiencias personales, de los comentarios de mi comunidad y de las miles de personas a las que he ayudado a superar sus problemas personales.

Muchos hombres me han llamado "El padre que nunca tuvieron". Que, al navegar por este mundo con la verdad que ofrece desenchufarse de las mentiras reconfortantes de la sociedad, les he enseñado cómo podían vivir una vida mejor y más feliz que les permitiera cumplir su propósito. Creo que es mi estilo de dispensar estas experiencias y bombas de verdad frías y duras lo que ha ayudado a otros a conectar los puntos y ver el mundo como realmente es.

Sin embargo, debo advertirte: Algunas de estas historias y lecciones pueden resultar inconvenientes y muchas probablemente te escandalizarán. Recuerda, a la verdad no le importan los sentimientos ni lo políticamente correcto.

En definitiva, los hombres viven hoy en una época difícil, pues vivimos en un orden social primario "lo femenino primero". Los hombres deben abrazar su masculinidad y rendirse completamente a la noción de que, empleando virtudes masculinas, todavía hay un lugar para que los hombres se conviertan en la mejor versión de sí mismos en el mundo actual.

Las mentiras reconfortantes de la sociedad, la cultura, la religión, el gobierno, los medios de comunicación dominantes y Hollywood se venden mejor que la verdad incómoda. Por eso creo

Mi desconexión

de todo corazón que la verdadera salud mental y la felicidad de un hombre empiezan con la capacidad de desconectar y navegar por la vida viendo las cosas como realmente son, no como nos han dicho que son.

Para sacar el máximo partido a este libro, despeja tu mente y luego ábrela de verdad. Muchos de los conceptos que discuto no serán populares y algunos se opondrán. Pero, como siempre digo a mi público "La verdad primero te cabreará, luego te liberará... si se lo permites".

Mira, no tengo formación universitaria, ni lujosos trozos de papel con letras tras mi nombre, enmarcados en caoba en mi pared. Como tú, sólo soy un tipo corriente que quería trabajar por sí mismo. Un tipo que puede utilizar un montón de experiencias vitales clave para señalar algunos hechos sobre la vida, el autocuidado, las mujeres, el dinero, la masculinidad y la navegación por el mercado sexual.

Espero de verdad que disfrutes de este libro y de las inestimables lecciones de vida que contiene.

Paz.

Richard Cooper

TESTIMONIO DE STEVE (SU DESCONEXIÓN)

Nota: El editor del libro "Steve el de Contabilidad" se ofreció a compartir sus experiencias sobre lo que se puede conseguir si sigues mis consejos en este libro y te dedicas al trabajo necesario para dar un giro a tu vida y construir esa vida que siempre has imaginado para ti y tus seres queridos.

Aún le queda un largo camino por recorrer, pero espero que sus notas de Informe de Campo al final de casi todos los capítulos te ayuden a demostrar que tú también puedes alcanzar realmente tus objetivos en la vida, siempre que adoptes sistemáticamente una mentalidad positiva y te esfuerces por hacer el trabajo.

Yo era el ejemplo perfecto de un tonto Beta enchufado que iba sonámbulo por la vida. No me hacía responsable y fui, para ser completamente franco, un puto niño grande durante demasiado tiempo. Di prioridad a la carrera de mi (ahora ex) mujer sobre la mía (viajé por todo el Reino Unido durante más de 12 años mientras ella se formaba para ser médico), no tenía ni idea de lo que era un límite (y sólo muy raramente tenía las pelotas suficientes para defender ciertas cosas) y había dejado que los años

Testimonio de Steve (Su desconexión)

de acoso en la infancia diezmaran por completo mi autoestima como persona.

La cronología que creé para mi abogado durante mi divorcio (poco amistoso) fue realmente vergonzosa. Literalmente, me estremecí cuando me la leí a mí misma. Era jodidamente patética. Hizo falta un trauma considerable para sacarme de mi estado de sonambulismo. Pero ahora no podría estar más agradecido a mi ex mujer por haberme sometido a ello. Sin embargo, definitivamente me llevó mucho tiempo llegar allí. Me obligó a examinar detenidamente el mal intento de hombre en que me había convertido.

Luego me pasé 9 años sumergiéndome en las profundidades de las madrigueras de la superación personal y las píldoras rojas. He consumido mucho contenido en este espacio. Sin embargo, puedo decir de verdad que si prestas atención al contenido de este libro y realmente haces el puto trabajo, tú también puedes darle la vuelta a tu vida.

Ha sido un viaje muy largo y arduo (con muchos contratiempos por el camino), pero ya he subido de nivel en todas y cada una de las áreas de mi vida, donde estoy en la mejor forma de mi vida a mis 44 años, gano más dinero del que he visto en toda mi vida, tengo un negocio que está despegando (acelerado masivamente por la llegada de la Inteligencia Artificial) y, por último, he llegado a experimentar cómo se ve y se siente el verdadero y genuino deseo ardiente cuando varias mujeres confían realmente en mi competencia y liderazgo lo suficiente como para caer voluntariamente al 100% en mi marco.

Y, joder, es una diferencia tan monumental, de la noche al día, de cómo era mi matrimonio, que todavía me deja alucinado. ¿Y lo más loco? No he hecho más que empezar este viaje interminable para vivir mi mejor vida para mis hijos y para mí.

Ah, y la hipergamia es increíble. Te ayuda a destacar aún más en un mar de tíos que no saben cómo funciona todo (como yo no sabía), o que lo saben y son demasiado vagos para molestarse en dedicarle tiempo y esfuerzo.

Las ideas de Rich funcionan, de verdad. Las he puesto en

Testimonio de Steve (Su desconexión)

práctica desde la edición del libro en 2020, y mis resultados me demuestran lo poderosas que son y siguen siendo sus ideas.

Es hora de hacer que todo funcione también para ti. Así que coge el contenido de aquí que mejor conecte con cómo quieres vivir tu vida (es decir, conviértete en tu propio punto de origen mental, con tus propias metas, pasiones y objetivos), ponte el mono de trabajo y vete a hacer el puto trabajo.

Esa vida increíble que deseas puede ser tuya, sólo depende de si estás dispuesto a dedicar los años de esfuerzo necesarios para conseguirla. Enorgullece a tu futuro yo.

1
LOS SIETE PARÁMETROS DE UN HOMBRE DE ALTO VALOR

Apariencia, Dinero, Estatus, Cautivación, Marco, Desenchufe y Juego

Lamentablemente, cuando se trata de mujeres, a los hombres no se les enseña la importancia de la apariencia, el dinero, el estatus, la cautivación, el marco, la desconexión y el juego.

En cambio, a los hombres se les enseña que él debe ser menos, para que ella pueda ser más. A "ser tú mismo", y que basta con ser un "buen tipo" para atraer a tu vida a mujeres de gran calidad.

Por desgracia, las mujeres no funcionan así. Nunca lo han hecho y nunca lo harán.

Las mujeres poseen un firmware evolucionado que selecciona al hombre más guapo que puedan conseguir, que tenga recursos suficientes, sea competente, tenga un marco sólido, no sea aburrido ni un pusilánime y tenga estatus. No porque sean unas harpías quisquillosas, ni porque lo quieran todo, sino porque necesitan asegurarse de que transmiten los mejores genes y pueden conservar el acceso a recursos suficientes para la supervivencia de su descendencia.

> *"Los hombres ven a las mujeres como objetos de belleza; las mujeres ven a los hombres como objetos de éxito".*

La mayoría de los hombres no comprenden qué impulsa la atracción en las mujeres, y la inmensa mayoría de los hombres obtienen pésimos resultados, o ninguno, con las mujeres que les atraen.

Esto conduce a la frustración, el resentimiento y, en última instancia, al abandono. Las mujeres nacen; los hombres deben hacerse.

Las mujeres esperan que los hombres desarrollen habilidades útiles, sean masculinos, fuertes y adquieran recursos de los que puedan beneficiarse la mujer y su descendencia. Su estrategia sexual es la hipergamia y, en consecuencia, se pregunta continuamente si eres lo mejor que puede hacer.

Llegados a este punto, los que renuncian protestarán y gritarán: *"¿Ves?* Lo único que quiere es tu dinero, tus músculos y, cuando acabe, se irá a follar a otro tío y te romperá el corazón. Esto no merece mi tiempo".

Esa es la mentalidad de un perdedor.

Hay mucho más para crear y mantener un deseo genuino y ardiente en las mujeres. A decir verdad, nunca debes nivelarte sólo para conseguir mujeres. Subes de nivel para mejorar tu vida y crear mejores opciones. Las mujeres guapas deberían ser sólo un subproducto natural de tu duro trabajo.

La mayoría de los hombres se comportan como si las mujeres fueran un bien escaso, colocándolas en lo alto de un pedestal y adorándolas. Sin embargo, nada más lejos de la realidad. Los hombres de alto valor que están al máximo y desconectados son escasos. Por el contrario, las mujeres atractivas están por todas partes. ¿No me crees? Busca el hashtag #fitnessgirl en Instagram, y hay millones de resultados, con la gran mayoría de ellas, objetivamente, siendo 9s y 10s (en cuanto a su aspecto).

El aspecto

El aspecto de una persona es importante, no hay forma de evitarlo. Según sus patrones de uso, el comportamiento de las mujeres en las aplicaciones de citas muestra que el 80% de los hombres les parecen poco atractivos.

Ella no se basa en lo que él hace para ganarse la vida, su biografía, su sentido del humor, su competencia, lo amable que es, sus habilidades o incluso su ubicación. Se basa casi por completo en su foto de perfil principal y, en su mayor parte, los hombres son horribles a la hora de proyectar un aspecto masculino fuerte con una fotografía de calidad profesional.

En cuanto al aspecto, las mujeres prefieren abrumadoramente a los hombres altos, con señales de alta testosterona como músculos y una mandíbula cincelada. Puestos a elegir, casi todas las mujeres preferirían follarse a un Dwayne Johnson calvo y musculoso de 1,90 m, antes que a un Tom Cruise de 1,70 m y pelo abundante.

Sin embargo, dicho esto, los hombres tienen que aprender a sacar el máximo partido a su físico. Porque, incluso con su déficit de altura, Tom Cruise seguía teniendo abundancia de mujeres en su vida gracias a su máximo rendimiento en muchas otras áreas.

El primer paso, aparte de no abandonar, es estar en paz contigo mismo con lo que no puedes cambiar y maximizar lo que puedes cambiar.

Un hombre que mide 1,70 m no puede hacer mucho respecto a su estatura. Pero los estudios demuestran que el 70% del atractivo de un hombre se basa en la apariencia de fuerza de la parte superior del cuerpo, y que la altura y la delgadez sólo representan el 10%.

Cuando en los estudios se muestran a las mujeres imágenes del cuerpo de los hombres y se les pide que califiquen su atractivo, buscan inconscientemente, pero de forma abrumadora, una relación de 1,62 entre la anchura de los hombros y la de las caderas. Sin embargo, la mayoría de los hombres de los países occidentales desarrollados están gordos.

Puedes conseguir un "estrechamiento en V" junto con una cintura fina y abdominales visibles a cualquier altura, comiendo bien y construyendo hombros anchos, pectorales fuertes, grandes trapecios y una espalda musculosa, levantando peso correctamente. Se trata de un aspecto en el que casi todos los hombres pueden mejorar significativamente su aspecto general. Lamentablemente, la mayoría de los hombres no controlan algo tan básico como su peso, por no hablar de la relación entre sus hombros y su cintura.

Si no estás en forma y tienes grasa abdominal, debes hacer del cuidado personal una prioridad. No hay excusa para estar gordo y en baja forma. Si quieres tener una experiencia agradable con las mujeres y que te mimen a la hora de elegir, entonces debes hacer el trabajo de vivir en un cuerpo fuerte, masculino y sano.

Perfecciona tu estilo

El estilo es otra área en la que los hombres pueden mejorar espectacularmente su aspecto. Debes llevar ropa que te quede bien y complemente tu físico. La mayoría de los hombres demuestran que no entienden de estilo y llevan ropa que no les queda bien.

A los veinte años, cuando trabajaba por primera vez en oficinas, solía comprarme camisas y trajes baratos y me quedaba fatal vestido, pero genial desnudo. La mayoría de la ropa barata me queda holgada porque la mayoría de la población está gorda, y así es como la fabrican.

Hasta que una chica con la que salía no me sugirió que me hiciera camisas a medida, no empecé a recibir más miradas y cumplidos de las mujeres. Cuando derroché y me compré mi primer traje a medida, fue la guinda del pastel, y la chica con la que salía entonces se puso excepcionalmente celosa de la atención que yo recibía cuando íbamos a actos formales.

Utilizo este ejemplo para recalcarte la importancia y el significado de llevar ropa que te quede bien. Y lo mucho que puede mejorar tu aspecto, sobre todo si te has esforzado por tener un buen físico.

No necesitas comprarte trajes a medida caros. En lugar de eso, fíjate en la ropa marcada como "entallada" con un pequeño porcentaje de mezcla de tejidos de spandex para asegurar un buen ajuste. Para saber más sobre estilo, lee el excelente libro de Tanner Guzy "La apariencia del poder".

El pelo desempeña un papel importante en la apariencia, pero constantemente encuentro hombres con el pelo desordenado. O peor aún, hombres calvos que se aferran desesperadamente a sus mechones de pelo que desaparecen con malos cortes de pelo. Si tienes una melena espesa y abundante, echa un vistazo. Busca un galán de Hollywood popular, que tenga rasgos similares a los tuyos, y busca un buen peluquero que te arregle el pelo para imitar ese aspecto.

Caída del cabello

En lo que respecta a la caída del cabello, debes saber que el 25% de los hombres con predisposición hereditaria a la calvicie empiezan a perderlo a los 21 años. A los 35 años, el 66% de los hombres empiezan a experimentar pérdida de cabello, y a los 50 años, el 85% de los hombres muestran un cabello significativamente más fino en la cabeza. Aunque ahora tengas buen pelo, lo más probable es que no lo tengas a medida que envejezcas.

Los hombres dedican demasiado tiempo y dinero a buscar formas de ocultar, o ralentizar, su caída del cabello con pastillas recetadas, lociones, microagujas, zumo de cebolla y la lista sigue hasta los trasplantes capilares. Algunos de ellos pueden ser algo eficaces para algunos hombres, pero la verdad es que lo único que hacen es retrasar lo inevitable.

Si tienes una predisposición hereditaria a la caída del cabello, mi consejo es que te rindas a ella, porque vas a perderlo. El gen suele saltarse una generación; a mi padre se le cae el pelo, a su padre también, y a mi hermano menor también. Sin embargo, mi abuelo por parte de madre era calvo. Así pues, mi hermano mediano y yo somos calvos y nos tocó la parte más corta del palo genético.

Empecé a notar signos de pérdida de pelo hacia los 21 años, cuando me quitaba el casco de la moto y notaba media docena de mechones de pelo en el casco, pero mantuve una cabeza llena de pelo hasta principios de los treinta. A mediados de los treinta, utilizaba maquinillas en el nivel uno porque no había peinado que pudiera ocultarlo. Cuando llegué a los cuarenta, por fin empecé a afeitarme la cabeza.

A lo largo de mi vida, he ido perdiendo pelo. Sin embargo, nunca he tenido problemas con las mujeres. Siempre tenía un aspecto que les gustaba. He aprendido que hay una buena parte de la población femenina a la que le encanta el aspecto de un hombre masculino con la cabeza afeitada. Dwayne Johnson, Vin Diesel, Bruce Willis y Jason Statham son todos hombres calvos de Hollywood que tienen un aspecto que a las mujeres no sólo les atrae, sino que en muchos casos prefieren. Porque lo poseen.

Tendrás que asegurarte de tener un físico masculino si eres calvo. Si pareces gordo o escuálido -y calvo- es una imagen realmente mala. Ninguna mujer suspira por personajes de Hollywood que le recuerden a George Costanza de la comedia "Seinfeld".

Ríndete a ello y adopta una imagen que se adapte a tu etapa de pérdida de cabello. Hoy en día no hay nada en el mercado -que yo sepa- que realmente revierta la calvicie masculina de forma permanente. Hay medias soluciones que, en el mejor de los casos, sólo consiguen frenar ligeramente la caída del cabello, y algunas son tan patéticas que no engañan a nadie.

La imagen perfecta

Hay un gran concepto erróneo de los que dejan de fumar que te hará creer que no puedes hacer nada con tu aspecto, y que las mujeres sólo salen con hombres guapos. Sin embargo, si buscas en Google "transformación de Joe Manganiello", encontrarás la foto de un bobo de instituto de aspecto escuálido con unas gafas malas. Un imbécil que se transformó en un semental musculoso y guapo que consiguió un papel como stripper masculino en la película "Magic Mike".

Levantar pesas, comer bien, mejorar tu higiene personal y tener una imagen bien pensada pueden hacer maravillas. Se llama "look maxing", va vestido con mono y parece trabajo, así que la mayoría de los hombres lo evitan. Por lo tanto, inventar excusas para evitar hacer dicho trabajo resulta mucho más fácil.

El gran ecualizador del aspecto es la fotografía. Cuando se trata de fotos para aplicaciones de citas o redes sociales, contrata a un fotógrafo. Me explayaré sobre esto en el capítulo dedicado a las citas online.

Ríndete ante lo que no puedes controlar; exprime al máximo lo que sí puedes.

Dinero

Prevalece la perezosa idea de que el dinero es malo, y que sólo hay una cantidad determinada de dinero moviéndose por ahí, y que está en las cuentas en el extranjero de todos los hombres ricos y codiciosos. No sólo es mentira, sino que también es una mentalidad de perdedores.

Podrías robar todo el dinero del mundo a las personas más ricas y redistribuirlo equitativamente entre la población mundial y, en un plazo de cinco años, creo yo, la mayor parte de ese dinero volvería a estar en los bolsillos de las personas a las que se lo robaste.

El dinero no es, sencillamente, más que un depósito de valor. Si lo adquieres, es porque has añadido valor a la vida de los demás. Elon Musk ha adquirido una enorme cantidad de dinero porque ha añadido valor resolviendo enormes problemas mundiales.

A lo largo de la historia, las mujeres siempre han preferido a los hombres con dinero. A las mujeres les encanta un hombre que pueda "hacer llover" el dinero.

Incluso con tu estilo y tu físico asegurados, tu apariencia sólo te llevará hasta cierto punto si no tienes dinero. Debes esforzarte por estar entre el 10% de los que más ganan en el lugar donde vives. A medida que envejeces, la importancia de la riqueza aumenta porque, te guste o no, tu aspecto físico disminuirá. Incluso los hombres feos, bajos, gordos y calvos pueden acostarse con mujeres muy atractivas si tienen suficiente estatus y dinero.

Es el igualador definitivo para los hombres físicamente poco atractivos.

Ahora bien, aunque el empleo estable sigue siendo el objetivo principal de la mayoría de los hombres, un J.O.B. (o, Just Over Broke) básico ya no es suficiente para la mayoría de los hombres de hoy.

Las mujeres obtienen más títulos y ganan más. Pero los hombres no, y hoy hay más mujeres que ganan más dinero que en ningún otro momento de la historia. Y como la hipergamia nunca busca su propio nivel económico, las mujeres siempre quieren salir más arriba. Por eso, son los hombres ricos los que obtienen mejores resultados con las mujeres atractivas.

Cuando una mujer te pregunta a qué te dedicas, no le importa especialmente el "a qué". Simplemente intenta ser educada y curiosa sobre tu estatus. Y lo que es más importante, lo que realmente intenta es evaluar cuánto dinero ganas.

Sin embargo, el componente de estatus de tu fuente de ingresos tiene cierta relevancia. Por ejemplo, un hombre que tiene su propia empresa de fontanería puede ganar un 50% más que un abogado junior de un bufete. Pero la hipergamia no tiene que ver con el dinero, sino con "lo mejor que pueda hacer". Y si su hipergamia piensa que un abogado es más valioso desde el punto de vista de su estatus que un fontanero cuando presenta a su nuevo novio a su familia en Acción de Gracias, entonces el abogado gana.

Un hombre rico puede dar un vuelco a la vida de una mujer arruinada. Pero debes comprender que una mujer rica no le dará ni la hora a un hombre arruinado (a menos que esté muy bueno, e incluso entonces, sólo sería por sexo a corto plazo). Para complicar aún más la naturaleza femenina, las mujeres considerarán a un hombre pobre veinteañero si tiene ambición y un plan (porque tiene "potencial"). Sin embargo, tienen realmente poca paciencia con un pobre hombre de cuarenta años que sólo tenga ambición y un plan.

Para tener opciones en la vida necesitas un excedente de dinero. Sin embargo, la mayoría de los hombres viven de cheque en cheque.

Dinero nivel "¡Que te jodan!"

Lo ideal sería que todos los hombres de Occidente aspiraran a ser millonarios a los 30, o a los 40 como muy tarde. Esto no es para mendigar coños, ni para obtener la validación femenina. Es por ti. Para que puedas hacer lo que quieras, cuando quieras, y tener la confianza de mandar a la mierda a la gente a la que no quieras escuchar. Lo cual es una posición increíblemente poderosa, en cualquier ámbito de la vida.

A decir verdad, si vives en Occidente, especialmente en grandes ciudades como Nueva York, Berlín, Miami, Londres, Los Ángeles o Toronto, un patrimonio neto de un millón de dólares no es tan significativo, sólo eres la media (en el mejor de los casos), especialmente si tienes más de 40 años. La verdadera libertad financiera se produce cuando tu patrimonio neto alcanza los 10 millones o más.

No se puede escapar al hecho de que el dinero crea libertad y opciones. Las mujeres son un mero subproducto y nunca deben ser la razón principal por la que sigas persiguiendo la excelencia.

El espíritu emprendedor, los puestos de dirección (director general, director financiero, etc.), las ventas de alto nivel (jets, yates), las grandes personalidades influyentes, los actores, los atletas y las designaciones profesionales (piensa en médicos, abogados, pilotos, etc.), son las principales categorías en las que puedes encontrar al 10% de los que más ganan, que las mujeres encuentran atractivos. STEM (Ciencia, Tecnología, Ingeniería y Matemáticas) también puede pagar bien, pero las mujeres rara vez persiguen a los Ingenieros de Google (aunque puedan ganar 700.000 $/año) porque a menudo consideran que muchos de estos Ingenieros son socialmente torpes.

Mi preferencia es el espíritu empresarial, porque puede ser el camino más rápido hacia la riqueza, con la mayor libertad personal. Pero, si bien es cierto que ser empresario no es para todo el mundo, a menudo se tarda años en llegar a ser Director Financiero, Médico, Piloto o Vendedor de artículos de alto precio (como inmuebles o yates).

Por tanto, el retorno de la inversión en ti mismo es

absolutamente enorme y, al menos en mi opinión, merece la pena el trabajo.

Lo que quiero decir es que un trabajo en una fábrica podría haber sido suficiente para tu abuelo tras volver de la guerra y casarse con tu abuela. Pero en el mundo actual, eso no va a conducir a un mayor nivel de autorrealización para la mayoría de los hombres y, la verdad, no es suficiente para las mujeres de hoy.

Los hombres de hoy trabajan el doble por mujeres que son la mitad de buenas que las de la generación de tu abuelo. La inflación no sólo afecta al mercado financiero, también afecta al mercado sexual.

Quiero volver a insistir aquí en que, aunque el objetivo de crear riqueza no es conseguir mujeres, naturalmente tendrás acceso a más y más mujeres atractivas al adquirir riqueza y estatus. Como hombre inteligente con visión y propósito, debes establecer límites y decidir en última instancia qué tipo de acceso permitirás que las mujeres tengan a tu dinero.

Estatus

Para los hombres, el estatus es sobre todo un subproducto de la riqueza y la influencia, y hemos tocado este aspecto brevemente al hablar del dinero. Las mujeres, en cambio, pueden alcanzar el estatus con un físico decente, un millón de seguidores beta sedientos de Instagram, pero seguir estando arruinadas.

Parte del proceso de evaluación por el que pasan las mujeres, cuando su hipercerebro está evaluando si eres lo mejor que ella puede hacer, es valorar tu estatus e influencia.

A lo largo de la historia, los hombres de alto estatus siempre han tenido acceso abundante a mujeres de gran calidad. En muchos casos, los hombres influyentes de alto estatus tenían harenes de mujeres.

Los hombres de estatus son tan deseables y están tan solicitados, que la mayoría de las mujeres preferirían compartir a un hombre así con otras mujeres, en lugar de tener que cargar con un perdedor fiel.

Cuando las mujeres se juntan con un Dan Bilzerian de 1,70

m, están encantadas de compartirlo, porque es un alfa exitoso y rico, con más de treinta y tres millones de seguidores en Instagram. Este hombre tiene estatus y, por lo tanto, dispone de una cantidad ilimitada de mujeres muy atractivas, mucho más jóvenes que él, que están deseando hacer cola para tener la oportunidad de follárselo, compartirlo, salir en uno de sus posts de Instagram... y lo mejor de todo es que muchas de estas mujeres también tienen novio.

El estatus te abre puertas, te consigue reuniones con gente importante, un trato preferente y, sí, acceso a mujeres atractivas.

Incluso a los hombres feos de estatus les va bien con las mujeres. A Mick Jagger, vocalista de los Rolling Stones, nunca se le consideró un hombre guapo; de hecho, muchos le llamaban feo. Sin embargo, como vocalista de una banda de alto estatus, a las mujeres no les importaba su aspecto debido a su estatus. Según cuenta la leyenda, una vez abandonó una cita nada menos que con Angelina Jolie para tener una aventura de una noche con Farrah Fawcett.

Utilizo estos ejemplos extremos para que te des cuenta de la importancia del estatus, e Instagram es sólo una de las cientos de formas en las que puede señalarse un estatus elevado.

Un hombre de 21 años de aspecto normal, que acaba de empezar a promocionar cursos de fitness desde su negocio, puede señalar un estatus alto teniendo un buen número de 20.000 seguidores en Instagram. Esto le permite atraer la atención y los elogios de unos cuantos miles de personas con cada publicación de Instagram mientras se dedica a promocionar sus productos.

Sin embargo, cuando se trata de señalar un estatus superior, eso no funcionará para un hombre de 45 años. Para que tenga la misma medida de estatus en el cerebro posterior de una mujer, debe demostrar que ha adquirido riqueza y que tiene un alcance y un estatus más experimentados.

El estatus no se puede fingir, hay que ganárselo

Cuando estoy con mi novia y se me acerca un tipo cualquiera

que me agradece profusamente que le haya salvado la vida con mis vídeos, eso le recuerda que está con un hombre con estatus.

También muestro estatus con el chef japonés que regenta el pequeño restaurante boutique de sushi de alta gama que frecuento. Cuando llamo por el altavoz para recoger un pedido, siempre reconoce mi voz antes de que mencione mi nombre, me llama Sr. Cooper y es muy respetuoso. Es aún más evidente cuando visito el restaurante en persona cuando tengo una cita para comer en él, porque siempre me trata como a un VIP.

Cuando estoy en la gasolinera, con mi chica en el asiento del copiloto, repostando mi supercoche, y la gente se me acerca para preguntarme por mi coche o hacerme un cumplido, hago una señal de estatus.

Escucha, no necesitas ser una Rockstar, ni un multimillonario para tener estatus. Lo único que necesitas es ganar dinero y que la gente te muestre respeto y admiración. Tú decides cómo quieres señalar estatus, pero cuanto más estatus tengas, más puertas se te abrirán y, en definitiva, mejor te irá con las mujeres.

Cautivación

Ser cautivador suele ser algo que muchos pasan por alto, sobre todo los hombres mayores con éxito. He hecho muchas consultas con hombres mayores que yo que están divorciados, son ricos y están en forma, pero son tan aburridos como mirar como se seca la pintura. Deberían salir con mujeres jóvenes y guapas, pero no pueden porque nunca desarrollaron aficiones y pasatiempos interesantes.

¿Qué sentido tiene perseguir la excelencia y ganar mucho dinero si no haces nada interesante con tu vida? Sin embargo, te sorprendería saber cuántos hombres no tienen aficiones interesantes y, en consecuencia, son aburridísimos.

He aprendido que a una mujer se le puede hacer cualquier cosa, excepto aburrirla. Cuando era joven, mis citas consistían en una cena (si tenía suficiente dinero) y una película. Bastante estándar y aburrido. Cuando pasé a recoger chicas en mi moto, proporcionarles emociones y llevarlas a lugares únicos, no sólo el coste de la cita se redujo a unos pocos dólares en gasolina y, normalmente, un café, sino que su interés por mí aumentó espectacularmente.

¡Las mujeres quieren una experiencia!

La vida es corta y se acaba para todos. Persigue tus aficiones e intereses, e invita a las mujeres a que se unan a ti en esa experiencia. No importa lo oscuros que sean, siempre que no sean aburridos.

Una vez tuve un cliente de coaching que parecía aburrido en las citas. Sin embargo, cuando le pregunté qué hacía para divertirse, me habló de su pasión por el over-landing, que consiste básicamente en hacer off-road con su camioneta Toyota. Se le iluminaron los ojos y se volvió vivo y apasionado al hablar de ello y de lo emocionante que era explorar nuevos lugares. Le dije que le dijera a su próxima cita que la iba a llevar a una aventura todoterreno para ver la puesta de sol más increíble, y que le asignara la tarea de preparar un pequeño picnic para la excursión de un día. Esa excursión de un día se convirtió en un viaje de una noche para ver las estrellas.

De nuevo, no estás persiguiendo intereses o aventuras falsos en beneficio de las mujeres; tienes intereses que ya estás disfrutando, lo único que estás haciendo es invitar a las mujeres a que se unan a ti en la aventura.

Las mujeres más jóvenes y bellas entran en tu mundo, tú no entras en el suyo.

Marco

El marco lo es todo. En todas las interacciones de la vida, ya sea en tu trabajo, en los negocios, con los amigos (y especialmente con las mujeres), una persona siempre entra en el mundo de la otra, respetando los límites y/o las normas que se le imponen. Si trabajas en una empresa, estás en el marco de tu empleador (el contrato de trabajo define los límites y las normas).

Si quieres que te paguen, son ellos quienes fijan las horas, las tareas y lo que puedes y no puedes hacer. ¿Quieres seguir trabajando para ellos? Entonces debes permanecer dentro de su marco.

En los tratos comerciales, especialmente en las negociaciones de contratos, siempre hay un elemento de marco. Suele ser la persona que necesita menos a la otra la que tiene el marco dominante en la interacción.

Cuando estás desconectado, la descripción de cómo quieres vivir tu vida (es decir, cómo está enmarcada) debe transmitirse sin disculpas y con confianza, y esos valores también deben esbozarse desde el principio (lo que es especialmente cierto cuando se trata de citas y mujeres).

Por ejemplo, si quieres salir con varias mujeres a la vez, basta con que se lo digas a una mujer por adelantado (de forma relajada y despreocupada): así es como vas a vivir tu vida, y ella decidirá si le parece bien o no que la invites a aceptar esas condiciones.

Con las mujeres, si quieres vivir como un alfa desconectado y tener una buena experiencia con ellas, ella debe estar siempre en tu marco. El ejemplo anterior, en el que pasaste de planear aburridas citas estereotipadas a vivir aventuras y darle instrucciones para que preparara un picnic, es un gran ejemplo de cómo meterla en tu marco.

Cuando un hombre entra en el marco de una mujer, le pregunta qué quiere hacer en la cita, a qué hora y dónde quiere que se reúna con ella. El feminismo tóxico ha intentado convencer a las mujeres de que los hombres y las mujeres son iguales y deben ser iguales (incluso a la hora de planificar las citas). No sólo las mujeres creen este mito, los hombres también. En última instancia, sin embargo, las mujeres odian que un hombre entre en su marco y, de hecho, les repugnan los hombres débiles que quieren que ellas dirijan.

Sin embargo, un marco sólido no se puede fingir; no existe el "fíngelo hasta que lo consigas" cuando se trata del marco. Debes convertirte en una persona culta, disciplinada y fuerte para encontrar con éxito a una mujer que quiera entrar en tu marco. Las mujeres modernas de hoy en día pondrán a prueba tu marco y te presionarán para ver cómo reaccionas a sus desafíos.

The Unplugged Alpha 2nd Edition (Versión española)

Estas "pruebas de mierda" (o "pruebas de competencia") son habituales y, si tienes una estructura sólida como una roca, deberían ser bienvenidas, ya que es la forma que tiene una mujer de comprobar si tu estructura es real, para saber si eres realmente competente (y no sólo finges serlo).

Si puedes soportar que ponga a prueba tu armazón (de forma firme, pero juguetona), sabrá que puedes afrontar los demás retos de la vida con el mismo nivel de competencia y experiencia. Ahora puede sentirse lo bastante relajada como para confiar en que la mantendrás a salvo, permitiéndole abrazar plenamente su lado femenino. Las diferencias en una mujer que está firmemente dentro de tu marco (frente a una mujer que claramente no lo está) son más que palpables.

Sin embargo, no puedes esperar que una mujer entre en tu marco y sea un complemento de tu vida si tú no la diriges. Si la llevas a tomar algo, paga tú la cuenta, ábrele la puerta, camina por el exterior de la acera y mantenla a salvo en el interior.

Encuadrar es ser un caballero, pero también se trata de mantener unos límites masculinos sanos con una mujer. Límites que se extienden durante mucho tiempo en la relación. Porque, si no mantienes tu marco, sus pruebas de mierda, si fallan, acabarán por someterte a la "betatización a través de mil concesiones" de la que se habla en este libro. Y su respeto por ti y su confianza en ti empezarán a desaparecer rápidamente.

Si estáis saliendo, y ella se ha esforzado por reclamarte como suyo, pero declara que tiene planes de ir a Cancún para el cumpleaños de su novia, un hombre con marco simplemente le recuerda que: "No me tomo en serio a las novias que se van de viaje de chicas cuando tienen novio". Lo más probable es que un hombre sin armazón haga caso omiso de su instinto y haga la concesión y la deje ir.

Sin embargo, como hombre sin armazón, puedes afirmar tranquilamente que no quieres exponerla a ella, ni a lo que estáis construyendo dentro de la relación, a ese riesgo. Un hombre con una estructura sólida no cederá en sus principios y dejará que ella elija.

Eso significa que, si ella decide ir en contra de tu marco y hacer el viaje, entonces tendrá que recoger todas las pertenencias que tenía en tu casa, y tú irás a sustituirla porque ha demostrado que no se deja guiar, o que no respeta tus límites y valores sanos que preservan una buena relación y la forma en que deseas vivir tu vida.

El poder de las afirmaciones "yo" frente a "tú"

Una de las formas más sencillas de mantener tu marco (para no parecer "controlador", y conseguir los mismos resultados) es utilizar afirmaciones "yo" en lugar de "tú".

Los enunciados "yo" transmiten normas, confianza, valores elevados, no necesidad, que estás seguro de ti mismo y que tienes un nivel saludable de autoestima. Los enunciados "Tú" suelen transmitir todo lo contrario.

Comparemos las siguientes afirmaciones:

1. "No salgo con mujeres que fuman. Me resulta muy poco atractivo y me quita las ganas inmediatamente".
2. "No puedes fumar cerca de mí, así que tienes que dejar de fumar".

En ese ejemplo, el resultado deseado es estar con una mujer que no fume. Sin embargo, el uso de afirmaciones "yo" subcomunica que tienes normas/valores elevados y que ella es bienvenida a seguir fumando si lo desea. Sin embargo, no le dedicarás más tiempo ni atención si toma esa decisión (y ésa es la clave: Ella siente que puede elegir si quiere o no dejar de fumar y entrar voluntariamente en tu marco).

En comparación, puedes adivinar cómo reaccionaría si utilizaras en su lugar el enfoque de la afirmación "Tú".

Con las afirmaciones "yo", puedes definir tu marco de forma saludable para lo que aceptas (y lo que no) en tu vida. Y, en comparación con las afirmaciones "Tú", puedes hacerlo de forma que comuniques tus límites de una manera mucho más positiva.

El marco está en todas partes, pero es fácil una vez que sabes lo que es. Te darás cuenta de quién está dentro del marco de quién cuando envíes mensajes a una mujer. Lo único que tienes que hacer es dar un paso atrás, leer el hilo en voz alta y preguntarte "¿está ella en mi marco o yo en el suyo?".

La sociedad nos ha vendido la mentira de que hombres y mujeres somos iguales, y que no debemos llamar "novia" o "esposa" a la mujer con la que estamos, quieren que la llames "pareja". No es de extrañar que tantos hombres luchen hoy en día con su marco (y luego con mantenerla en su marco) cuando les han dicho que la traten como a una igual.

Hombres y mujeres no somos lo mismo, ni iguales. Somos diferentes, y deberíamos ser un complemento en la vida del otro, si el marco del hombre es el que dirige en la relación.

Desenchufarse

El hombre desenchufado es un hombre con sangre en las venas. Ve la historia detrás de la historia, hace preguntas y no se deja llevar ciegamente porque se lo digan. La reciente estafa de 2020 fue un ejemplo perfecto de quién estaba desconectado y quién no.

Los desenchufados escucharon, pero cuando quedó claro que la plandemia no era más que un resfriado común, y que la forma en que lo manejaron estaba diseñada para controlarnos y manipularnos hasta un estado de conformidad, los desenchufados se mantuvieron firmes y resistieron al enmascaramiento, a los puntos suspensivos, a las vacunas experimentales y a las tácticas de vergüenza utilizadas por los funcionarios del estado, los medios de comunicación, la familia y los amigos.

La verdad es que la mayoría de la gente son borregos y siguen la corriente para llevarse bien. Es una mentalidad débil fácil de controlar.

Estar desconectado significa que no serás popular todo el tiempo, pero serás respetado. Hoy en día tengo amigos que siguen sin tener noticias de su familia porque no se pusieron una vacuna experimental que al final resultó no ser ni segura ni eficaz.

Estar desconectado significa que eliges la libertad, las opciones y la soberanía sobre tu vida y tus decisiones. No es casualidad que la mayoría de los mejores desenchufados que conozco sean libertarios que quieren a los grandes gobiernos incompetentes fuera de sus vidas y de sus bolsillos.

Los hombres desenchufados ven a través de las narrativas woke que intentan imponer a nuestros hijos como: arco iris, pronombres, ideas trans, inclusividad y aceptación de la gordura.

¿Recuerdas cuando nos exigieron que mostráramos un "pase sanitario" para comer en un restaurante? Pero no podemos preguntar qué medicamentos Rx tomaba Audrey Hale (la tiradora trans de Nashville de 2023) porque eso es una violación de los derechos humanos.

Los desenchufados hacen estas preguntas.

Una verdad muy incómoda sobre el mundo en que vivimos es que lo han diseñado para hacernos gordos, enfermos, débiles, incompetentes y dependientes del pensamiento de grupo, del liderazgo estatal y de las grandes farmacéuticas. En definitiva, quieren transmitirnos "¡Salta!" y esperan una respuesta "¿Cómo de alto?".

Cuando los desenchufados se enteran de que China prohíbe en los medios de comunicación lo que ellos llaman "hombres afeminados", y quiere promover la masculinidad entre los chicos, pero los países occidentales hacen exactamente lo contrario, entienden por qué.

Sin embargo, que vivamos en un mundo de payasos no significa que debamos participar en su circo.

Juego

El juego se define como el uso seguro de tus atributos, características y personalidad en general para ganarte el afecto de las mujeres. Se trata de jugar y optimizar las cartas que te reparten. También consiste en convertir tus aspectos positivos en fanfarronería y tus aspectos negativos en encanto.

El juego, resumido, consiste en saber a qué responden positivamente las mujeres de forma natural.

Los Pick Up Artists (o PUAs) te dirán que el juego es el gran ecualizador a la hora de atraer a las mujeres. Si no has leído la edición de 2005 de "El juego", de Neil Strauss, te recomiendo encarecidamente que lo hagas. Neil no es especialmente guapo ni era rico cuando escribió el libro, pero las técnicas que utiliza demuestran claramente que el juego funciona.

El juego importa, pero si no tienes los otros radios que acompañen al juego, no llegarás muy lejos con él. Incluso el legendario "Mystery" del libro de Strauss acabó con un apego debilitante a una mujer porque lo único que tenía era juego de alto nivel.

Puedes utilizar el juego para tener cierto éxito al acercarte en frío a mujeres guapas, mientras consigues un número para concertar una cita. Sin embargo, para ser realmente eficaz en el juego, también debes estar desconectado. La mayoría de los PUAs tienen juego, pero no todos los PUAs están desconectados. El juego sin estar desenchufado es como tener un Ferrari, pero sin motor.

Para cubrirse adecuadamente mientras se está desenchufado hacen falta varios libros. Además del libro de Neil Strauss mencionado anteriormente, las lecturas más destacadas son:

1. "El Hombre Racional" (libros 1 y 2) de Rollo Tomassi, que trata de la mentalidad y la psicología que hay detrás.
2. "El método Mystery", de Mystery.
3. "El arte de la seducción", de Robert Greene.

En lo que respecta a estos siete parámetros, algunos intentarán convencerte de que hay un orden de importancia en ellos, pero, en mi opinión, no lo hay.

Un hombre debe esforzarse al máximo en todas las áreas. Un área no es más importante que la otra. Una rueda no es tan fuerte ni tan capaz si le falta alguno de los radios.

Son sinérgicos y crean un efecto compuesto a medida que mejoras en todas las áreas. Al fin y al cabo, la búsqueda de la excelencia en estas áreas debe ser por ti mismo, no por el objetivo de conseguir mujeres.

Las mujeres sólo deberían ser un subproducto de la mejora de tu vida en estas áreas clave. Como siempre, las mujeres nunca deben ser el centro de tu vida, sólo un complemento.

La cruda verdad

No lo olvides nunca:

- Los hombres que se esfuerzan por situarse en el 20% más deseable tienen, con diferencia, más posibilidades de acostarse con la inmensa mayoría de las mujeres. Así que haz un esfuerzo consciente para mejorar tu físico, tu estilo y tu forma de comportarte. Te reportará beneficios.
- El marco lo es todo. Es cómo defines cómo vas a vivir tu vida y son los límites que los demás deben respetar, adoptar (y mantener) si desean unirse a ti en tu increíble viaje.
- ¿Estás perdiendo el pelo? ¿A quién coño le importa? Hazte cargo de esa mierda y haz que funcione para ti. ¿Adivina qué? Sólo es un problema si dejas que lo sea.
- Ser rico te proporciona la seguridad financiera en la vida para decirle a la gente, o a otras oportunidades, que no te están ofreciendo ningún valor, que "se jodan". El dinero tiene un valor inherente que te permite perseguir opciones diferentes, o disfrutar de experiencias con las que antes sólo podías haber soñado.
- Ve a dejar tu propia marca en el universo y eleva positivamente tu estatus a "nivel de clase mundial" en cualquier campo en el que te especialices.
- Aunque no hace falta ser extrovertido para ser bueno en el juego (aunque desde luego eso no hace daño), sí necesitas construir un sólido marco de confianza genuina que las mujeres puedan, literalmente, ver que destilas desde el otro lado de una habitación abarrotada. ¿Te diviertes con las mujeres? ¿Les tomas

el pelo y les tocas las pelotas metafóricamente? ¿Eres con ellas tu yo auténtico sin pedir disculpas? ¿Sólo las recompensas con el valor que aporta tu atención porque se lo han ganado? Si no es así, ve y Haz. El. Trabajo.

Informe de campo de Steve el de Contabilidad

Ha sido increíble ver cómo la gente en general (no sólo las mujeres) me respondía cuando tomaba medidas para mejorar cada una de estas áreas sucesivamente (después del divorcio). Seamos claros: definitivamente no soy un Chad de más de 1,80 m con la cabeza llena de pelo. Mido 1,70 m y tengo un corte de pelo al rape debido a mis entradas.

Pero nada de eso importa cuando estás fuera de casa, viviendo de verdad tu mejor vida, porque estás subiendo de nivel en todos los aspectos de tu vida.

Y las diferencias entre una mujer que está realmente dentro de tu marco -en comparación con otra que no lo está- son absolutamente alucinantes.

Por ejemplo, tengo una mujer con la que salgo casualmente desde hace un año y medio. Yo nunca conduzco para verla, pero ella está encantada de conducir 45 minutos dos veces por semana para verme. No me regaña cuando le pido que me traiga bebidas que me gustan (aunque ella prefiera otras), lava de buena gana los platos después de que nos prepare una comida, y no se queja de que me siga acostando (discretamente y con mucha seguridad) con otras mujeres.

Recuerdo que me preguntó si fumaba cuando nos llevaba a pasar un fin de semana fuera. No hacía mucho que habíamos subido al coche y me preguntó si podía fumar (esto fue hace un par de meses). Sin pensármelo dos veces, le dije que no quería pasar el tiempo con mujeres que fumaran, ya que me parecía muy poco atractivo y un motivo de ruptura inmediato.

Recuerdo que me miró sorprendida, primero por mi franqueza y luego por la naturalidad con la que respondí. Entonces me preguntó qué haría si seguía fumando. Sin perder un segundo, le dije simplemente que "le desearía lo mejor" y que no pasaría más tiempo con ella.

Entonces tuvo que decidir si pasar tiempo con un hombre que "cumple todos sus requisitos y más" tenía más valor para ella que fumar. Resulta que valora más mi tiempo, mi atención y mi sentido de la aventura que fumar. Y está sinceramente agradecida por gozar de mejor salud gracias a ello. También sabe que si alguna vez fumara cerca de mí (o si me diera cuenta de que ha vuelto a fumar), acabaría con ella en el acto. Y ella cree al 100% que yo también acabaría con ella.

Se amolda felizmente para encajar en MI marco. Las "pruebas de mierda" por su parte son ahora excepcionalmente raras (y se responden con una respuesta juguetona y un beso apasionado que la deja aturdida en silencio durante unos segundos, cerrando la prueba de inmediato) y esto permite que las cosas se vuelvan "sin esfuerzo" (sus propias palabras, no las mías).

Cuando una mujer confía en tu capacidad -ahora más natural- de dirigirla con competencia, se siente segura. Y cuando se siente realmente segura, entrará de buen grado y felizmente en tu marco dominante.

Y por eso mantener mi marco, mis valores y mis límites (de forma saludable) ha sido la base de algunas de las mayores mejoras de mi vida, en su conjunto. Esas cosas no existían en mi matrimonio fracasado y mis hijos pagaron el precio por ello.

Puedo asegurarte que si emprendes acciones reales y significativas en cada una de las áreas tratadas en este capítulo, tu vida (en su conjunto) mejorará exponencialmente. Yo mismo apenas he arañado estas superficies y los resultados que he visto hasta ahora no dejan de sorprenderme.

El mero hecho de que estés trabajando activamente para mejorar tu vida te hará destacar, por defecto, en un mar de tontos, o de hombres que no ven el valor de perseguir la excelencia, o que están completamente desconectados de la vida y siguen conectados a las mentiras reconfortantes de la sociedad, como yo también solía estar.

2
LO QUE NO ES IMPORTANTE TE LA SUDA

Cuando era joven, jugábamos mucho a videojuegos de jugador contra jugador. Había uno muy popular llamado Mortal Kombat, y todos funcionaban con el mismo concepto. Empezabas con un 100% en tu barra de vida y, a medida que luchabas, cada golpe que recibías reducía tu vida hasta que llegaba al 0% y morías por alguna fatalidad escandalosa que provocaba algún desmembramiento horrible.

La vida no es muy diferente. Esencialmente, se trata de recibir golpes todo el día, drenando nuestra energía, atención y recursos hasta llegar a cero. Por desgracia, la mayoría de la gente no valora la energía que regala y la dispensa libremente como si fuera un recurso ilimitado, y esto es un gran error.

Muchas personas ven hoy el aluvión de odio que recibo por la verdad que revelo en mis vídeos, y me preguntan cómo lo llevo. A menudo mi respuesta es: "Tienes que acostumbrarte a que te la sude". En inglés "Not give a fuck".

Todos, por diseño, tenemos una cantidad limitada de energía que podemos asignar a nuestra vida cotidiana. Todo lo que hacemos requiere tiempo y recursos. Nuestro trabajo, los niños, los amigos, los acontecimientos, las parejas, e incluso las pequeñas cosas, como cuando mi hijo quiere que mate una araña en el baño.

Yo me refiero a la energía que puedes gastar como los "Fucks" que puedes dar. Por tanto, te corresponde a ti, como hombre de visión y propósito, gestionar cada "fuck" sabiamente.

Somos los amos de nuestras vidas, así que tenemos el privilegio de decidir en qué queremos dispensar esas cantidades limitadas de "". Sólo nosotros podemos elegir lo que es verdaderamente digno de nuestra atención en nuestras vidas.

Cuando vas en coche al trabajo y el gilipollas del BMW te corta el paso, a menudo eliges destinar esos fucks a sentirte frustrado. En lugar de aceptarlo y guardar esos follones para otra cosa.

Cuando un compañero de trabajo hace un comentario despectivo porque no quieres donar 10$ a la recaudación de fondos de "Donna en contabilidad", puedes prescindir de esos fucks y replicar con tus sentimientos. O puedes ocuparte de tus asuntos de una forma "Not giving a fuck" e ignorar su comentario solapado.

Para gestionar realmente tus fucks, primero debes dominar el autocontrol.

Autocontrol

¿Conoces a ese gilipollas del BMW que no te hace señales y te corta el paso? Tienes dos opciones:

1. Ponerte de mala hostia en tu coche, mostrarle el dedo medio y encender las luces largas, antes de acelerar hasta su parachoques, regalando en el proceso algunos de tus limitados fucks.
2. Utiliza el autocontrol, reserva tus fucks para algo que merezca más la pena y no hagas nada.

La primera opción quema parte de tus fucks limitados del día y también estresa tu cuerpo. El cortisol, una hormona del estrés, se libera en tu cuerpo cuando algo se te mete entre ceja y ceja, haciéndolo catabólico. Mientras que la segunda opción no hace nada. En definitiva, dominar el autocontrol y tus emociones es importante.

The Unplugged Alpha 2nd Edition (Versión española)

Los que son expertos en su oficio y persiguen la excelencia son increíblemente cuidadosos a la hora de gestionar su tiempo, su energía y sus recursos. En última instancia, no puedes convertirte en la mejor versión de ti mismo si reasignas constantemente tu energía a cosas que no la merecen y no te acercan a tus objetivos, pasiones y sueños.

> "Donde va la conciencia, fluye la energía".
>
> *- Dandapani*

Aunque pueda parecer una noción simple, esta idea fue profunda para mí. Conocí a Dandapani, un monje, en una cena de empresarios en Toronto en la que estaba contratado como orador principal.

Estaba sentado ante nosotros, con las piernas cruzadas, en el suelo, vestido completamente de monje, con abalorios y tres líneas blancas pintadas en la frente.

Era un personaje improbable para hablar a empresarios que dirigían negocios multimillonarios de éxito. Nos lo presentaron como un sacerdote hindú con acento australiano que acababa de pasar 10 años en un monasterio de Hawai.

Los empresarios son notoriamente propensos a las distracciones, y muchos padecen diversos grados de Trastorno por Déficit de Atención (o TDA). Son como gatos pastores. Este monje estaba allí para ayudar a los empresarios a comprender la noción de lo que son los "Vampiros de Energía", y cómo gestionar su conciencia para ser más eficaces en sus negocios.

Explicó que la consciencia es como una bola de luz brillante que se mueve por tu cabeza, y cuando se dirige a una zona concreta de la mente, esa zona se ilumina, que es por donde fluye tu energía.

Así pues, si la conciencia se dirige a una zona feliz de la mente, entonces es ahí donde fluye tu energía. Y, si la energía fluye hacia el área feliz de la mente, entonces también está fortaleciendo esta área de la mente.

Para gestionar tus juergas, debes comprender que la mayor amenaza proviene de personas, lugares o cosas que son "Vampiros de Energía". Suelen ser personas que te quitarán tiempo, drenarán tu energía y te dejarán exhausto tras tu encuentro con ellas.

La palabra clave aquí es "agotado" después de tu encuentro. Para saber más sobre esto, busca "Cómo enfrentarse a los Vampiros de Energía" en mi canal.

Dominar el autocontrol

¿Cómo se domina el autocontrol? El autocontrol es quizá la habilidad más poderosa que puedes desarrollar y que te ayudará a dominar una vida mejor.

Cuando aprendes a gestionar tus fucks y te alejas de los Vampiros Energéticos, ejercitas el autocontrol y empiezas a preservar tus fucks para cosas verdaderamente jodidas que te hacen feliz en la vida.

¿Cómo sabes si algo es digno de tus fucks? Muy sencillo. Si el hecho de que te importe te ayuda a mejorar tu vida o la de tus seres queridos, entonces suele merecer la pena preocuparte.

Algunos podrían argumentar que ésta es una forma egoísta o poco amable de navegar por la vida. Te propongo que reevalúes hasta qué punto te tomas en serio la gestión de tu energía si esta creencia se ve violada por mi afirmación anterior.

Si la dispensación de dicho fuck te agota a ti, o a tus seres queridos, entonces probablemente sea mejor que utilices el autocontrol y conserves esos fucks.

Te daré un ejemplo perfecto. Una vez salí con una madre soltera, y una de sus principales pasiones eran las cenas. Invitaba a gente agotadora.

Mi cita tenía una amiga que reprendía, criticaba y juzgaba a todo el mundo, incluido su marido. Su amiga era la típica madre de clase media, con hijos adolescentes, que también tenía una opinión muy elevada de sí misma.

Sin embargo, no era más que una mujer obesa de mediana edad que esperaba que la gente estuviera de acuerdo con su visión del mundo. De hecho, era un Vampiro Energético. Lo que significaba que estar cerca de ella era una experiencia emocionalmente agotadora.

Sencillamente, no me aportaba nada estar en la misma habitación que ella. Sabía que era un pésimo ejemplo de lo que debía ser una mujer adulta, sabía que no quería tener a mi hija cerca de esa energía.

Después recibí una segunda invitación para asistir a otra cena. La rechacé y, como era de esperar, declinar la oferta ofendió a mi novia, que intentó crear una discusión a partir de ello.

Simplemente no participé, le agradecí la invitación y terminé la llamada. No hablamos durante unos días, y ella me llamó después de la cena para disculparse y reconocer que su amiga era un Vampiro Energético.

Verás, cuando ejerces el autocontrol, gestionas mejor tus jodiendas. Cuando eres consciente de quién es un Vampiro Energético en tu vida, te verás obligado a tomar decisiones que pueden ofender a algunas personas. ¿Adivina qué? No pasa nada. Un hombre que tiene un propósito en la vida, inevitablemente molestará a algunas personas.

Recuerda, si valoras tu tiempo y energía como un recurso limitado, sólo los dispensarás por cosas que realmente merezcan la pena tu tiempo.

¿Cómo se refuerza el autocontrol?

Creo que el autocontrol es como un músculo: cuanto más lo trabajas, más fuerte se hace.

Una de las formas más sencillas de fortalecer ese músculo del autocontrol es hacer cosas que sean físicamente difíciles o que te supongan un reto. Si buscas una tarea para mejorar tu autocontrol, para la mayoría de la gente ducharse con agua fría es difícil. Sobre todo si has tenido acceso a agua caliente toda tu vida. El agua caliente es un lujo moderno, pero durante millones de años nos hemos bañado en lagos y ríos helados.

Ducharse con agua fría requiere autocontrol. Sin embargo, la mayoría de la gente ni siquiera tiene la capacidad de hacer algo tan básico como permanecer en una ducha con agua incómodamente fría. Te insto a que empieces a ducharte con agua fría por las siguientes razones:

- Refuerza tu autocontrol.
- También ofrece los siguientes beneficios para la salud: Reduce la niebla cerebral y mejora la concentración.
- Mejora la circulación. Mantiene la piel y el cabello sanos. Refuerza la inmunidad.
- Mejora la energía y el bienestar.
- Mejora el metabolismo y la capacidad de quemar grasas.

¿Quieres mejorar tu autocontrol y aprender a gestionar mejor tus polvos? Entonces empieza por hacer algo tan sencillo como ducharte con agua fría. Es fácil de entender, sencillo de ejecutar, pero requiere disciplina y fuerza de voluntad para construirlo.

Estaba hablando en una conferencia y cerré mi intervención hablando sobre cómo gestionar tus polvos, y alguien me preguntó entre el público sobre cómo sentían ansiedad por dispensar sus polvos, y cómo reservarlos mejor.

La conclusión es la siguiente: Si valoras tus polvos como un recurso que tiene un límite, entonces sólo destinarás tus fucks limitados a asuntos que realmente merezcan tus fucks.

La cruda verdad

No lo olvides nunca:

- La energía con la que empiezas cada día es extremadamente limitada. Así que deja de malgastarla en cosas que no te ayudan a ti, a tu misión o a tu familia a avanzar en la vida.
- Darle importancia a cada pequeña cosa que ocurre sólo hará que aumenten tus niveles de cortisol. A su vez, te agitas por nada importante, mientras que al mismo tiempo hundes tus niveles de Testosterona. Asegúrate de haber leído mi capítulo "Gestiona tu sistema endocrino" para obtener más información sobre esta área vital de tu bienestar.
- También es muy probable que si te acuestas con

niveles de cortisol más bajos, tengas muchas más posibilidades de dormir mucho mejor.

Informe de campo de SteveFromAccounting

Éste ha tenido un profundo impacto en mi vida (y también resultó muy valioso durante mi polémico divorcio). Aprender a olvidarme de las cosas que estaban fuera de mi control o de las que realmente no merecía la pena preocuparse (es decir, "que se jodan") significó que mi vida se volvió inmediatamente mucho más tranquila.

Para empezar, me permitió ver más allá de las acusaciones de mierda de mi ex durante el divorcio, asegurándome de que sólo respondía a los aspectos clave que realmente requerían una respuesta, o mi atención.

Pasé de no querer leer nunca ningún mensaje de mi ex mujer mientras nos divorciábamos (por la ansiedad de preguntarme qué chorradas se le ocurrirían ahora), a que realmente me importara una mierda el contenido de dichos mensajes. De hecho, suelo reírme para mis adentros, pues ahora veo sus descarados arrebatos emocionales como lo que realmente son.

Entonces empleo el método de comunicación de la "piedra amarilla" (vital si tienes hijos y tratas con una ex muy conflictiva) y sólo respondo, de forma civilizada y profesional, a lo que es realmente importante.

En mi trabajo, mis niveles de estrés han descendido significativamente al rechazar proyectos que sé que sencillamente no quería hacer, en favor de proyectos en los que sabía que podía aportar mucho más valor.

También resulta extremadamente útil cuando se trata de citas. Ser capaz de no enfadarte con una mujer que no está interesada en ti, o que te ha dejado plantado, hará que las citas sean mucho más fáciles y agradables. También te hace más atractivo para las mujeres, ya que los hombres necesitados son realmente poco atractivos (y es un rasgo muy común en los hombres de hoy en día).

En última instancia, aquí es donde entra en juego tu marco (y los límites de dicho marco). Cuanto más fuerte sea tu marco, menos posibilidades habrá de que cualquier gilipollez impregne tus límites. Si cada pequeña cosa empieza a joderte, entonces tu marco no es ni de lejos tan sólido como debería. Lo mejor es que te preguntes por qué, y luego sigas trabajando en ello hasta que lo sea.

Igual que con el tiempo, sólo tienes un límite de energía física, mental y emocional para gastar. Guarda esa mierda con la importancia que se merece. Tu familia cercana, tus amigos y tus seres queridos te lo agradecerán de verdad.

3
TESTOSTERONA Y SALUD

> **Descargo de responsabilidad:** *Este libro no pretende sustituir el consejo médico de un médico titulado. El lector debe consultar regularmente a un médico titulado en asuntos relacionados con su salud, en particular con respecto a cualquier síntoma que pueda requerir diagnóstico o atención médica.*

El sistema endocrino masculino es un conjunto extraordinariamente complejo de glándulas productoras de hormonas que regulan el metabolismo, el crecimiento, el desarrollo, la función de los tejidos, la función sexual, la reproducción, el sueño, el estado de ánimo y muchas otras funciones.

La principal hormona que los hombres deben vigilar a medida que envejecen son sus niveles de testosterona. Porque, incluso en un varón sano, sus niveles descenderán entre un 1-2% al año a partir de los 30 años (y esto en el mejor de los casos).

Andrew Huberman definió célebremente la importancia de unos niveles sanos de testosterona en los hombres en el podcast de Joe Rogan cuando dijo: "Hace que el esfuerzo siente bien".

El declive de la testosterona en los hombres se conoce como "andropausia". A diferencia de la menopausia de la mujer, que es una disminución inmediata de sus hormonas óptimas. El proceso en los hombres dura décadas y, para muchos hombres, apenas es perceptible.

El descenso de los niveles de testosterona es un auténtico problema para los hombres por un montón de razones. Entre ellas:

- Disminuye su masa muscular magra,
- Aumentan los niveles de grasa corporal,
- Disminuye la claridad mental,
- Disminuye la función sexual,
- Disminuye la densidad ósea,
- Disminuye la energía,
- Y aumenta el riesgo de padecer algunas enfermedades.

Unos niveles óptimos de testosterona en el hombre están directamente relacionados con llevar una vida óptima. Y fíjate en la palabra "óptima", que no es lo mismo que "normal". La mayoría de los médicos, si les pides que analicen tus niveles de testosterona, dirán que tus niveles son normales, si están dentro del 10% inferior de las directrices gubernamentales. Esto no es normal, y en absoluto es óptimo.

En mi opinión, los hombres deben controlar sus niveles a partir de los 25 años y cada año siguiente, y si tus análisis de sangre muestran la necesidad de suplementos de testosterona exógena, entonces puedes decidir si lo solucionas de forma natural o recurres a la TRT.

Algunos hombres intentarán avergonzarte por utilizar la Terapia de Reemplazo de Testosterona (o TRT), pero comprende que sólo están celosos porque te irá mejor en la vida. El odio nunca viene de arriba, sólo de la gente que está por debajo de ti. La gente nunca siente celos de los perdedores.

Una vez que empieces el tratamiento, lo seguirás unas 2-3 veces al año bajo la supervisión de una clínica o médico de TRT.

En mi caso, fue alrededor de los 43 años cuando noté los siguientes síntomas:

- Poca energía,
- Mal humor,
- Incapacidad para concentrarme,
- Falta de madera matutina,
- Disminución de la libido,
- Menos fuerza,
- Pérdida de masa muscular,
- Más grasa corporal,
- Y mucha menos motivación.

Sabía que algo pasaba, vi cómo la TRT mejoraba la vida de varios de mis amigos, y entonces encontré un médico local especializado en TRT. Cuando me hice el análisis de sangre completo, mis niveles, según las tablas del gobierno, estaban dentro de los rangos "normales" para mi edad. Afortunadamente, mi médico no trató los números. En su lugar, trató los síntomas que he descrito anteriormente.

Óptimo frente a normal

Nadie quiere ser "normal". Como hombre que persigue la excelencia, quieres optimizar todas las áreas de tu vida. Un buen médico especialista en TRT tratará tus síntomas para optimizarte a los niveles que tenías alrededor de los 30 años.

Es importante señalar que no estoy hablando de alcanzar los niveles superfisiológicos a los que aspira un culturista de competición. Sus dosis de testosterona exógena serán de 4 a 10 veces superiores a las que prescribirá un médico TRT; abusar de la testosterona acabará provocando problemas de salud en el futuro.

De nuevo, tu objetivo son los niveles óptimos que tenías alrededor de los 30 años. La mayoría de los médicos de TRT te recetarán entre 80 y 200 mg de testosterona a la semana y luego ajustarán tu dosis en función de los resultados de tus análisis de sangre. Cada persona responde de forma diferente a la TRT, no existe un método único para todos, y las buenas clínicas lo entienden.

Un análisis de sangre completo, en la mayoría de lugares del mundo, te costará unos 150 $ y merece la pena invertir en tu salud a largo plazo. Un análisis de sangre completo te proporcionará una base objetiva a partir de la cual comenzar tu estrategia de optimización de la salud.

Mi protocolo TRT

Actualmente me recetan 90 mg de cipionato de testosterona a la semana y 1000 UI de gonadotropina coriónica humana (o HCG) semanalmente.

Mis análisis de sangre también revelaron que necesitaba atender algunas otras áreas menores, en las que mi médico TRT ha sido de gran ayuda. Me recomendó suplementos que han tenido un impacto notable en mi salud general.

Te recomiendo encarecidamente que lo hagas bajo la supervisión de un médico titulado especializado en optimizar las hormonas masculinas. Algunos hombres intentan ahorrarse dinero y hacerlo ellos mismos, y obtienen su testosterona de un laboratorio clandestino de Asia, o de su "hermano" del gimnasio. Pero nunca sabrás realmente lo que obtienes, ni su potencia, y no tendrás a un médico titulado que te guíe. Para mí, el ahorro de costes simplemente no merece el riesgo.

Ya he explicado las ventajas de la testosterona óptima. Sin embargo, un inconveniente de introducir testosterona exógena en tu cuerpo es que tu propia producción natural se detiene una vez que tu cuerpo detecta de nuevo niveles saludables. Eso significa que tus testículos dejarán, o reducirán, la producción de testosterona y esperma.

A algunos hombres les va bien sólo con suplementos de testosterona. Pero descubrí que a las cuatro semanas de empezar el tratamiento con TRT, no me gustaba la contracción (o dolor) de mis testículos. Volvió cierta niebla cerebral, y mis orgasmos no eran tan placenteros, ya que la producción de esperma se había reducido. Así que mi médico añadió HCG a mi protocolo, y volví a sentirme yo mismo al cabo de un par de semanas.

Algunos hombres no necesitan HCG, pero a otros parece irles mejor con HCG en su protocolo, ya que tenemos receptores de Hormona Luteinizante por todo el cuerpo. Mantiene tus testículos llenos y en funcionamiento, bombeando tus cargas explosivas estándar. La HCG también es útil si quieres mantener la fertilidad para engendrar hijos.

Cómo aumentar la testosterona de forma natural

Hay muchos productos falsos en el mercado que afirman aumentar la testosterona, y siempre parecen costar una fortuna, aunque muchos hacen poco o nada.

Hay dos formas de optimizar la testosterona de forma natural. La primera es eliminar ciertos hábitos o compuestos de tu vida. La segunda forma es con algunas vitaminas y suplementos que ayuden a tu cuerpo a producir testosterona.

Reduce el estrés

El estrés aumenta el cortisol, y el cortisol tiene un fuerte impacto negativo en la capacidad de tu cuerpo para optimizar su sistema endocrino de forma natural. Para la mayoría de los hombres, son los trabajos estresantes o las mujeres de su vida las que crean el estrés. Por tanto, busca formas de reducir, o eliminar, el estrés siempre que sea posible.

Reduce el tiempo de pantalla y la luz azul

Las pantallas emiten una luz azul que altera nuestro ritmo circadiano y nuestros patrones de sueño. Utiliza gafas que bloqueen la luz azul por la noche, o reduce el tiempo de pantalla tres horas antes de acostarte. Aprovecha ese tiempo para leer o hacer otra cosa lejos de cualquier pantalla para poder dormir una noche completa. Duerme entre 6 y 8 horas de sueño reparador, ya que tu cuerpo se repara al dormir, lo que incluye la producción de testosterona y otras hormonas del crecimiento. Tu cuerpo necesita descansar y recuperarse más de lo que crees.

Elimina los alimentos procesados

Si los 2,4 millones de años de historia humana se desglosaran en 24 horas en un reloj, hemos comido carne durante casi 24 horas, trigo durante seis minutos y alimentos procesados durante cuatro segundos. Obtén tu nutrición de una variedad de verduras y proteínas animales. Los estudios han demostrado que los alimentos procesados alteran tu sistema endocrino, así que evítalos siempre que sea posible y aléjate de las dietas extremas que restringen la variedad.

Reduce la grasa corporal

Los hombres de hoy están más gordos que nunca, y el exceso de grasa corporal afecta negativamente a la producción de testosterona, y agrava aún más el problema porque el exceso de grasa favorece la función de la aromatasa en el organismo. Es decir, aumenta la conversión natural de testosterona en estrógenos. Cuanta más grasa corporal tengas, más testosterona convertirás en estrógeno, y por eso hoy en día se ven tantos hombres obesos con pechos visibles. Procura tener alrededor de un 12-15% de grasa corporal.

Añade vitamina D3

Las personas que viven al norte o al sur de los trópicos no pueden fabricar suficiente vitamina D a partir de la luz solar, y el problema empeora en los meses de invierno, con menos luz solar. El gobierno recomienda 1.000 UI al día de vitamina D, pero eso es demasiado bajo para la mayoría de la gente; yo necesito entre 5.000 y 7.000 UI al día incluso para que mis análisis de sangre muestren niveles óptimos en verano, y unas 10.000 UI en invierno. La vitamina D es fundamental en muchas funciones corporales, incluida la producción de testosterona.

La vitamina D necesita la ayuda de grasas o aceites para ser absorbida por el torrente sanguíneo, por lo que cualquier spray de vitamina D a base de aceite funciona mejor. Sin embargo, si sólo tienes acceso a formas de D3 en comprimidos, tómala después de comer. Los aceites de la comida ayudarán a descomponer los comprimidos de D3 en el torrente sanguíneo.

Es importante tener en cuenta que es posible tomar demasiada D3, lo que llevaría a un estado de toxicidad. Aunque esto puede requerir dosis sostenidas de hasta 40.000 UI al día para algunas personas, para otras puede requerir menos. Por eso te recomiendo encarecidamente que te hagas un análisis de sangre para tener un nivel de referencia exacto a partir del cual trabajar.

Uno de los subproductos de los niveles elevados de D3 en la sangre es el calcio. Este exceso de calcio tiende a depositarse en las arterias, donde puede acumularse y calcificarse. A su vez, en última instancia, se corre el riesgo de que se produzca una obstrucción en la arteria afectada si se deja el tiempo suficiente, lo que podría ser mortal.

Por tanto, si piensas tomar 5.000 UI al día (o más), entonces debes considerar tomar 200 microgramos de vitamina K2 MK7 por cada 5.000 UI de D3. La variante MK7 de la K2 es la más eficaz para actuar junto con la D3. La K2-MK7 dirige el calcio adicional hacia tus huesos (donde más se necesita), y lo aleja de tus arterias. Una dosis de unos 100 microgramos de K2-MK7 por cada 2.500 UI de D3 es un comienzo sensato.

Nota del editor: Según el lugar donde vivo, tomo 16.000 UI de D3 junto con 600 microgramos de K2 MK7 todos los días. Y me hago análisis de sangre cada 6 meses para saber si estoy optimizando mis niveles. Basta decir que, al menos en mi caso, ha habido una correlación directa entre mis niveles de D3 y mis niveles de testosterona en todos los análisis de sangre que me he hecho hasta ahora.

Es tan importante que también doy a mis hijos pequeños un spray de D3+K2 MK7 con sabor a manzana todas las mañanas. Un spray con un total de 800 UI para primavera y verano, y dos sprays con un total de 1.600 UI durante el otoño y el invierno.

En resumen: no subestimes la importancia de la

vitamina D3 para mejorar de forma natural tus niveles de T.

Evita los campos electromagnéticos (CEM)

Se ha demostrado que las frecuencias electromagnéticas alteran el sistema endocrino y las mitocondrias. Se emiten a nuestro alrededor, todo el día, desde el teléfono móvil, las tabletas y los ordenadores portátiles. Intenta reducir al mínimo tu exposición a microondas (señales de móvil), Wi-Fi y Bluetooth en la medida de lo posible.

Pon un temporizador en la toma de corriente de tu router Wi-Fi para que se apague mientras duermes y mantén todos los aparatos electrónicos o pantallas fuera de tu dormitorio. Si utilizas un ordenador portátil, suele estar justo encima de tus testículos, así que consigue una almohadilla bloqueadora de CEM para eliminar la exposición. Mantén también el teléfono móvil fuera de los bolsillos del pantalón, o alejado del cuerpo en todo momento.

Añade los siguientes suplementos

Las siguientes vitaminas son útiles para ayudar al cuerpo a optimizar su propia producción de testosterona: A, B, C, E, Zinc y Boro. Los estudios también han demostrado que el extracto de jengibre y la Ashwagandha ayudan naturalmente a mejorar el sueño.

La hierba Tongat Ali ha sido probada en muchos ensayos clínicos que destacan su eficacia para aumentar la testosterona. También puedes encontrar mis suplementos, incluidos los potenciadores de testosterona, en www.theunpluggedalpha.com.

En conclusión

La testosterona es lo que nos hace hombres. Es la razón por la que un varón sano tiene tres veces más fuerza en la parte superior del cuerpo que una mujer, es lo que nos hace agresivos y estar a la altura de los retos de la vida.

En los últimos 50 años hemos asistido a un drástico descenso de los niveles de testosterona en los hombres, y al consiguiente aumento de hombres más débiles, blandos y conformistas en la sociedad.

Se consumen cantidades récord de estrógenos ambientales en alimentos, artículos de higiene personal, bebidas y cervezas. A esto hay que añadir el bombardeo constante de CEM sobre tu cuerpo en las grandes ciudades, vayas donde vayas, las dietas terribles, la inactividad y la adicción de la gente a sus pantallas de luz azul. Combinados, explican por qué hemos visto el debilitamiento general del varón occidental.

En pocas palabras, sin unos niveles saludables de testosterona nunca funcionarás a un nivel óptimo como hombre. Haz que controlar tus niveles sea habitual. Será una ventaja competitiva a la hora de navegar por un mundo que poco a poco está haciendo a la mayoría de los hombres más débiles, lentos y tontos.

La cruda verdad

No lo olvides nunca:

- La testosterona no sólo alimenta tu deseo sexual. También gobierna muchas funciones vitales de tu cuerpo. Por tanto, aumentarla es vital para tu propio bienestar físico, mental y emocional.
- Haz primero todo lo que puedas para optimizar tus niveles de testosterona de forma natural. Te sorprenderá lo mucho que puedes aumentarlos con constancia y autodisciplina.
- Puede que tus niveles de T vuelvan a estar dentro del rango "normal". Pero puede que ese rango sólo sea normal si tienes más de 60 años. Recuerda, acude a un médico competente para que trate tus síntomas (no tu número).
- Por tanto, no todos los médicos son iguales en este ámbito. Haz tus deberes y busca un médico con experiencia real en este campo.

- La TRT es un compromiso para toda la vida, ya que tu cuerpo dejará de producir testosterona de forma natural a medida que aumenten tus niveles de T.
- Comprueba tu seguro médico (si corresponde al lugar donde vives) para ver si cubre la TRT. Si no es así, debes tener en cuenta el coste continuado del tratamiento privado de TRT.

Informe de campo de Steve el de Contabilidad

En el Reino Unido utilizo un sitio web conocido como medichecks.com y encargo su "Análisis de sangre avanzado para el hombre sano". Lo que más me gusta es la posibilidad de hacer un seguimiento de mi progreso en todas las áreas que cubre el análisis, e incluso puedo hacer que una enfermera me extraiga sangre, en cuestión de segundos, en una clínica privada cercana (minimizando las probabilidades de hacerlo mal al sacarla de tu dedo pinchado).

TBD

Como puedes ver en la imagen, mis niveles de D_3 siguen de cerca mis niveles generales de testosterona. Espero -naturalmente- volver a situar mis niveles de T en el extremo superior de la escala a finales de este año, a medida que aumente la intensidad de mi entrenamiento (que tuve que reducir debido a una hernia discal). También me aseguraré de hacerme un análisis de sangre cada seis meses (a partir de ahora) para poder seguir controlando mis progresos, optimizando mis micronutrientes y macronutrientes, haciendo los ajustes necesarios en mis suplementos diarios, mi nutrición y mi régimen de ejercicio y descanso.

También he notado que mis hijos (sobre todo mi hijo) se han beneficiado enormemente al seguir dándoles suplementos diarios de D_3+K_2 (junto con un multivitamínico de buena calidad). Ha crecido hasta ser uno de los más altos de su clase y también se recupera rápidamente de cualquier lesión.

Presta mucha atención a tus propios niveles de T y descubrirás que muchos otros aspectos de tu vida encajan de forma más natural. Seguiré buscando formas naturales de optimizar mis propios niveles de T hasta que sea mejor pasar a la TRT (y, como me he hecho una vasectomía, no tengo que preocuparme por quedarme estéril).

4

DOMINA LA VIOLENCIA

A lo largo de nuestra vida nos han mentido y nos han dicho cosas como que "De la violencia nunca sale nada bueno" o que "La violencia es el último refugio de los incompetentes". Estas afirmaciones no son especialmente veraces, ni aceptan el valor de la capacidad de violencia.

La violencia no siempre es la respuesta. Pero es una respuesta legítima en determinadas situaciones. Los hombres tienen la obligación de tener la capacidad de ser violentos y, si la ejercen, debe ser decisiva y letal.

La mayoría de los hombres de hoy no saben ser violentos, ni siquiera entienden por qué es una habilidad que los hombres deben dominar. La narrativa que nos han metido por la garganta es "Sé amable, sé humilde y que el amor es la respuesta".

Pero la verdad es que la sociedad (y especialmente las mujeres) no quieren hombres mansos e incompetentes. Lo que las mujeres quieren es un hombre peligroso que sea civilizado.

Las fantasías más oscuras de las mujeres se descubrieron cuando los ingenieros de Google estudiaron el uso de los motores de búsqueda y la pornografía. Las cinco búsquedas principales eran historias sobre Vampiros, Hombres Lobo, Multimillonarios, Cirujanos y Piratas. Las películas suelen mostrar a estos personajes caminando tranquilamente, mientras llevan un gran bastón.

Por tanto, cuando las elecciones del motor de búsqueda triunfen sobre su narrativa social, cree en sus elecciones.

La mejor defensa es un buen ataque

Creo que debes aprender a defenderte, y a defender a tus seres queridos, si alguna vez surge la necesidad. Es una parte esencial para convertirte en la mejor versión de ti mismo como hombre.
Aprende combate. Hay muchas instalaciones a 10 minutos de la mayoría de las zonas urbanas que enseñan distintas formas de Artes Marciales Mixtas (MMA). Estas formas incluyen: Boxeo, Krav Maga, Jiu Jitsu brasileño, Muay Thai, Kickboxing, Kárate y mucho más.

Las afiliaciones cuestan unos 150$ al mes, y la mayoría de las clases son de 90 minutos en total. La mitad del tiempo se dedica a ejercicios cardiovasculares diseñados para simular una mayor resistencia en combate. La otra mitad del tiempo se dedica a las habilidades básicas.

Unirse a un Dojo ofrece cuatro ventajas principales:

1. Los ejercicios de cardio son de los más intensos que puedes hacer, y son estupendos para tu cuerpo y tu condición física.
2. Aprendes a utilizar la violencia de forma concentrada y productiva.
3. Tu red de contactos es muy importante y las personas que entrenan en combate, en su mayoría, no son perdedores, por lo que tu círculo social también mejorará.
4. Recibirás repetidas palizas de miembros más experimentados. Esto es bueno. Te enseñará a levantarte y a ponerte las pilas. Tanto metafórica como físicamente.

Mi dojo ofrece muchas clases de MMA, pero mis favoritas son las de boxeo, por las habilidades necesarias para ser un atacante eficaz, y las de Krav Maga, por su eficacia en defensa personal. El Krav es conocido por su letalidad y la eficacia de las respuestas a los ataques, minimizando el daño a uno mismo mientras se mantiene en pie.

El Krav Maga es tan letal que no se utiliza en los combates de MMA porque muchas de las respuestas a los ataques son ilegales.

También es el entrenamiento para el combate cuerpo a cuerpo de muchas unidades de las Fuerzas Especiales de todo el mundo. Si es suficientemente bueno para las Fuerzas Especiales, entonces es suficientemente bueno para mí.

Además, una de las mayores ventajas del Krav es que fomenta mucho el "conocimiento de la situación". La capacidad de "leer una habitación" es una habilidad vital que puede sacarte de un apuro incluso antes de que empiece. O, como mínimo, avisarte con suficiente antelación de que te van a atacar, dándote tiempo suficiente para esquivar o preparar una contramaniobra.

Si alguna vez me asalta alguien con una pistola o un cuchillo, o varios atacantes, y no puedo abandonar rápidamente la zona de la amenaza, quiero tener la capacidad de responder con un nivel de violencia altamente entrenado y proporcionado.

Puede que nunca necesites utilizar la violencia. Pero, si surge la necesidad, es una herramienta que sin duda querrás tener en tu arcón de herramientas.

Ponte a prueba

Una vez que hayas adquirido las habilidades para utilizar el combate, ponte a prueba en combate. Si practicas el boxeo, has practicado sparring varias veces, tienes todo el equipo adecuado y tu entrenador dice que estás preparado, pídele que te busque un oponente y programad un combate.

Tres asaltos de dos minutos es todo lo que necesitas para ver de qué estás hecho. No hay nada más humillante que un combate real. Mi primer combate fue en la primavera de 2023 y mi entrenador me enfrentó a un hombre cinco centímetros más alto, 15 kilos más pesado y 20 años más joven. Superar el miedo a perder en combate contra otro hombre, que en todos los aspectos tenía ventaja, fue uno de mis grandes logros de aquel año.

Después de todo, ¿qué sentido tiene entrenar si nunca pones a prueba tus habilidades ni entras en la arena? No puedes aprender a nadar en tierra firme.

Para los interesados en mi resultado, superé a mi oponente y gané ese combate. No hay nada que me siente mejor, ahora entiendo por qué los luchadores suben al ring y se juegan el pellejo.

¿Cómo superé el miedo? Lo utilicé. Lo convertí en mi perra. Comprendí que había entrenado adecuadamente durante varios años, que estaba preparado y que merecía mi victoria. También llevé al combate a tres personas muy importantes que sabían lo duro que entrenaba, y demostré mi valía delante de ellas. Un gran libro en el que me basé en ese momento se titula "La mente de Cus D'Amato", de Reemus Boxing.

La cruda verdad

No lo olvides nunca:

- Te incumbe saber cómo protegerte eficazmente. Doblemente si tienes familia.
- Tienes que probar varias formas de MMA para ver cuál se adapta mejor a ti.
- Debes seguir con cualquier MMA de defensa personal que funcione para ti. Asegúrate de dedicarle horas y observa cómo crecen tus habilidades y tu confianza general.

Informe de campo de Steve el de Contabilidad

Esta es una de las áreas en las que sé que todavía tengo que volver a sumergirme. Dejé que una fractura de muñeca en 2019 (causada durante mi primera lección de Krav Maga) sacara lo mejor de mí mentalmente, y sé que es una forma de dominar la violencia sin tonterías (con el beneficio añadido de mejorar tu conciencia situacional, lo que te permite sacar tanto a tus seres queridos como a ti mismo de una situación antes de que se vuelva peligrosa).

Creo absolutamente en el valor que ofrece ser capaz de protegerte a ti mismo y a tus seres queridos. De hecho, es hora de que rectifique ahora mismo.

5

TENER UNA MOTO

Creo firmemente que, como rito de iniciación, todo hombre debería poseer una motocicleta en algún momento de su vida. Como cantó Jon Bon Jovi: "Soy un vaquero. Cabalgo sobre un caballo de acero. Me buscan. Vivo o muerto". Tanto si eres un héroe como un forajido (o, como los mejores entre nosotros, un poco de ambos), la motocicleta es el equivalente moderno del semental. Es un rito de iniciación para todo hombre poseer una en su vida.

Durante un día de primavera amargamente frío y lluvioso a principios de abril, me saqué el carné de moto a los 18 años en una moto monocilíndrica de 125 cc. A pesar del tiempo miserable, fue uno de los mejores días de mi vida. Recuerdo que teníamos tanto frío y estábamos tan mojados que poníamos las manos en las hirvientes aletas refrigeradas por aire del motor para evitar que se nos congelaran los dedos.

Sin embargo, sacarme el carné de moto fue una de las mejores cosas que hice de adolescente. Y, como rito de paso, en mi transición de adolescente a hombre.

La habilidad más importante que se aprende conduciendo una moto es el conocimiento de la situación. Aprendes a mantener la cabeza giratoria y a observar constantemente a tu alrededor en busca de posibles amenazas. Casi todo lo que hay en la carretera es más grande que tú, y puede matarte. Ser consciente de lo que te rodea en todo momento es una habilidad que los hombres deben aplicar a todos los ámbitos de su vida.

Deja que me explique. La primera oficina que alquilé para uno de mis primeros negocios estaba en el último piso de una casa del siglo pasado en los suburbios de Toronto. En la planta principal había una psicoterapeuta. Era una mujer grumosa, vieja, gorda y engreída. Que subía, pisoteaba y se quejaba una vez a la semana de que "hacíamos demasiado ruido" para su consulta situada debajo de nosotros.

La ventana de mi consulta daba al aparcamiento. Y siempre tenía un flujo constante de pacientes que venían a tratarse cualquier desastre que estuviera ocurriendo en sus vidas. Sin embargo, me di cuenta de dos cosas muy evidentes:

1. La mayoría de sus pacientes eran mujeres de más de treinta y cinco años, que se presentaban en caros todoterrenos con el ceño permanentemente fruncido. Tenían una mirada de vacío, ira y resentimiento cuando entraban en su consulta.
2. Cuando venían hombres, no llegaba ni uno solo en moto. Ni uno solo.

Con cientos de visitas al mes, y a lo largo de nuestro contrato de tres años, vi llegar a cerca de mil de sus pacientes. Sin embargo, ni una sola vez vi a un solo hombre llegar en moto. Deja que lo asimile por un momento.

Terapia masculina

Una moto es muchas cosas para un hombre: A menudo es un amigo, una declaración, un subidón de adrenalina, un juguete, un lugar para follar y, por supuesto, un medio de transporte. Y lo que es más importante, de joven hubo muchas veces en las que mi moto fue mi terapeuta.

¿Un día de mierda en el trabajo? Monta en la moto.

¿La novia se folla a mi mejor amigo para redimirse porque

estaba resentida por un trío que hicimos con su amiga hace un año? Monta en la moto.
¿No he conseguido el ascenso que quería? Monta en moto.
¿Los compañeros de piso me están volviendo loco? Monta en la moto.
Enciéndela, sal y resuelve tus problemas en la carretera.
Las motos requieren equilibrio, fuerza y destreza. Los coches no. Cuando tomas las curvas, te inclinas en el giro y te descuelgas de la moto mientras tu rodilla cuelga a escasos milímetros del asfalto. El peaje que pagas si cometes un error suele ser mucho mayor que el de un coche. Al fin y al cabo, un coche está rodeado de una jaula metálica, y las motos no.

Incluso con todo eso, apuesto a que si te subes a una máquina del tiempo y vuelves a una época en la que el caballo era la principal forma de transporte y le preguntas a un joven qué piensa de su caballo, probablemente describiría un apego cariñoso a él de forma similar.

Los hombres necesitan actividades masculinas. A lo largo de la historia, sentarse sobre una bestia viva, que respira, capaz de increíbles proezas de poder, era algo que los hombres han querido domar. Aunque una moto no está viva, la mayoría de las motos deportivas tienen una relación potencia-peso similar a la de la F1, y tiene un motor de combustión interna, por lo que sí respira. Al fin y al cabo, un motor no es más que una bomba de aire.

Intereses compartidos

La hermandad es otra ventaja de tener una moto. El único medio de transporte en el que siempre he recibido una inclinación de cabeza o un saludo con la mano de los demás ha sido cuando iba en moto. Independientemente de la marca, el modelo o el estilo. Todo el mundo es amable contigo cuando vas en moto. Había muchos lugares repartidos por la ciudad donde los motoristas se reunían para tomar un café, charlar y luego dar una vuelta juntos por la noche.

Llevaba 12 años montando en moto cuando un amigo, con el que montaba a menudo, me anunció de repente que su hermano había muerto en un accidente de moto al ser atropellado por un coche en la autopista. Me di cuenta de que otros también resultaban heridos, sobre todo por culpa de conductores descuidados que no prestaban suficiente atención a las motos.

Después de cuatro motos deportivas diferentes, dos Katana 600, una GSX-R750 y una ZX-7R, decidí que, por muy cuidadoso que fuera, mi número saldría en algún momento, así que me tomé un año sabático cuando cumplí los treinta.

Sin embargo, mentiría si dijera que no echaba de menos mi moto, dejándome un hueco en el corazón que necesitaba llenar.

Así que me pasé a los descapotables rápidos, un BMW M3 de 2003 en Rojo Imola, rebajado sobre BBS LM que, a primera vista, puede parecer un giro de 180 grados. Sin embargo, estaba lo suficientemente cerca como para satisfacer la sensación de aire libre mientras me movía a velocidad.

No sólo tenía la seguridad añadida de los airbags y una jaula metálica a mi alrededor, sino que podía conducir como si estuviera al aire libre sin casco, mientras escuchaba música. Aún recuerdo el primer día que tuve el coche, bajé la capota, puse "Kickstart My Heart" de Mötley Crüe y salí a dar una vuelta.

Para terminar

Las motos tienen un valor increíble para un joven. Por menos de 10.000 $ puedes comprar algo que acelera más, y a menudo frena mejor, que cualquier coche exótico que cueste 20 veces más. Sin dejar de obtener un increíble ahorro de combustible gracias a su pequeño tamaño de motor.

Las únicas cosas que un coche puede hacer mejor que una moto son llevar más velocidad en las curvas (ya que hay mayores zonas de contacto en los neumáticos), transportar a más personas y protegerte mejor en caso de accidente.

A las mujeres también les encantan los hombres en bici. Constantemente daba paseos a mujeres en la parte trasera de mi bici. A menudo, en las fiestas, las novias de mis amigos me acosaban para que las llevara a dar una vuelta delante de sus novios. Por la propia naturaleza de la forma de montar en moto, obliga a la intimidad.

Las motos atraían a las mujeres como la polilla a la llama. Estas mujeres apretaban sus pechos contra mi espalda, mientras se agarraban con fuerza a la parte baja de mi cintura, y a veces me agarraban la hombría cuando se ponían cómodas en la moto.

Créeme cuando te digo que las mujeres ansían aventura, variedad y diversión. Dólar por dólar, nada excita más a una mujer que agarrarse a ti con fuerza mientras aceleras la moto para hacer un caballito. Recuerda, las mujeres adolescentes o veinteañeras están en sus años de fiesta, buscan emociones. No buscan hombres que conduzcan grandes todoterrenos.

Por lo tanto, creo firmemente que todo joven debería tener una moto en algún momento de su juventud. O, como mínimo, un descapotable rápido.

Sin embargo, aún no he terminado con las motos, simplemente me he tomado un descanso. Mis motos son coches exóticos de motor central, por ahora.

La cruda realidad

No lo olvides nunca:

- Las motos te ofrecen una sensación inigualable de libertad y evasión de las trampas de la vida cotidiana.
- Cuando llevas a una mujer en bici contigo, todos los receptores de su cuerpo se activan al mismo tiempo que el adictivo y embriagador cóctel de adrenalina y dopamina recorre su cuerpo. Y asociará esa sensación contigo.
- Si las motos no son lo tuyo, asegúrate de emular la experiencia con un descapotable rápido que grite ¡DIVERSIÓN! en cada centímetro de su cuerpo.

Informe de campo de Charles

A menos que pilotes un caza de sexta generación de 80 millones de dólares, pilotar una moto es el mejor videojuego al que puede jugar un hombre. Todo tu cuerpo está en juego, totalmente inmerso en el entorno. Puedes sentir cómo se levanta la rueda al acelerar, cómo el cuerpo se impulsa hacia delante en una bola de ímpetu; cómo el viento te acaricia la cara, cómo se te eriza el vello cuando la rodilla roza suavemente el asfalto al pasar por el vértice, acelerando rápidamente a la salida de una curva. No hay sustitutos virtuales de esta experiencia.

Algunas de las mejores horas de mi vida las he pasado encima de una moto. El viaje de 3 horas desde la ciudad fantasma de Monticello, UT, hasta Hall's Crossing, con un depósito de gasolina que sólo permitía un viaje de ida, sin saber si el transbordador aparecería para llevarme a través del lago Powell hasta mi destino.

Hacía más de 100 grados de calor, completamente desprovisto de humanos o artefactos humanos excepto mi solitaria Ducati. Mientras miraba por el horizonte desértico, pensando para mis adentros "si paso por ahí, podré ver mi destino, o algo hecho por el hombre", pronto estaría allí y mirando por el siguiente horizonte, preguntándome lo mismo, una y otra vez mientras el vacío se extendía sin fin.

Era un planeta-paisaje asombroso, como el desolado Tatooine que sólo se ve en las películas de ciencia ficción. Desconcertante y aterrador a la vez.

A menudo quería parar la moto y hacer fotos de las enormes caídas del acantilado en su gloria carmesí. Pero tenía demasiado miedo: "¿Y si la moto no arranca?". Con ese calor, me convertiría en cecina y pienso para buitres en cuestión de horas.

O cuando iba en moto por el cañón negro del Gunnison y llegó una enorme tormenta. No tenía dónde esconderme, sólo podía seguir adelante. Gotas de lluvia del tamaño de puños chocaban contra mi casco y mi equipo, el viento golpeaba mi moto de un lado a otro en la estrecha carretera del cañón.

En aquella oscuridad, apenas puedo distinguir los enebros inclinándose ante la tormenta a metro y medio delante de mí, mientras la pegmatita entre los acantilados, pulida durante millones de años, se hacía eco de los destellos cegadores de los truenos.

En bici, recuerdo la tranquilidad pastoral del lago Como, la brisa salada del mar Adriático, la locura del tráfico de Bali, los muros acribillados de las fábricas serbias abandonadas, el caos y la furia de la carretera en todo Tel Aviv, y las docenas, si no cientos, de chicas que se me acercaban para hacerme fotos y dar paseos (siempre les decía que no).

En bicicleta, eres testigo del mundo y de su belleza. Aprendes a ser más consciente, más perceptivo. También aprendes a ser más agresivo y a tomar la iniciativa, aunque también desarrollas un instinto defensivo. Tienes orgullo, pero también humildad.

6

CONTRATA DESPACIO, PERO DESPIDE RÁPIDO

En 2003, trabajaba para la mayor agencia de cobros de Canadá, donde estaba en mi cuarto año de servicio como director de un equipo que cobraba 2 millones de dólares. Mi personal estaba bien formado y era leal, lo que significaba que nuestras tasas de recuperación eran increíbles.

A principios de ese año, me asignaron un nuevo vicepresidente a nuestro grupo, un tipo francocanadiense de orígenes muy duros. Recuerdo que nos contaba historias sobre su difícil infancia y sobre cómo su padre se pegó un tiro en la cara.

Chocó conmigo desde el principio. Me faltaba al respeto públicamente delante de mi personal y me hacía elaborar informes detallados, que nunca miraba, para su diversión personal.

Tras unos meses de aguantar sus faltas de respeto, algo se rompió dentro de mí y le hice saber lo que pensaba de él. Fue entonces cuando aprendí la valiosa lección de que a la gente se la contrata por sus aptitudes y su currículum, pero se la despide por su idoneidad.

Hacia finales de año, sólo tres semanas después de mudarme a mi primera casa con una gran hipoteca, el sueldo de un directivo tuvo que salir de los libros de contabilidad por recortes de gastos de la empresa.

¿Adivina a quién seleccionó mi cariñoso vicepresidente para irse a casa? A mí.

La quemadura inicial de recibir esa indemnización por despido me dolió. Sin embargo, este empujón me inspiró a crear mi propio negocio, que me ayudó a saldar la deuda de la tarjeta de crédito del consumidor, y siempre estaré agradecido por ello.

Fue una década más tarde cuando por fin aprendí la lección de contratar despacio y despedir rápido en mi propio negocio. Puedes utilizar esta idea con las mujeres de tu vida, empleadas, socias comerciales e incluso amigas.

Tómate tu tiempo para investigar a las personas. Conócelas y estudia su comportamiento. Las decisiones que alguien toma y cómo se comporta deberían prevalecer siempre sobre lo que te dice si hay un conflicto entre acciones y palabras. Es decir, no escuches lo que dicen, observa lo que hacen.

Si te hormiguean los sentidos arácnidos, haz caso a tu intuición. Sabe que pasa algo. La intuición es la vocecita que te susurra al oído, y a menudo sólo se convierte en un grito fuerte cuando ya es demasiado tarde y vas a experimentar un choque de trenes.

Mi experiencia con una madre soltera

Poco después de divorciarme, me lié con una madre soltera de dos niños, y durante los primeros meses fue muy divertido salir con ella. Al cabo de unos meses, empezó a sugerirme que conociera a sus hijos. Fue entonces cuando mi intuición empezó a susurrarme, diciéndome que no era una buena idea.

Pero... la ignoré.

Por supuesto, mi intuición sólo se convirtió en un grito cuando su hijo mayor fabricó indignación. Empezó a montar un berrinche durante unas vacaciones, gritándome, faltándome al respeto e insultándome, porque les impuse un límite que no les gustó ocho meses después de conocerlos. Su madre se puso de su parte, ignorando por completo la flagrante falta de respeto y el hecho de que yo tenía razón.

En retrospectiva, debería haber limitado mi tiempo en esa relación sólo a ella y dejar que siguiera su curso. Nunca debería haberme involucrado con sus hijos. También debería haberla despedido rápidamente y haber puesto fin a la relación con ella en ese momento, para luego seguir adelante. En lugar de eso, dejé que la tortura se prolongara durante casi dos años más. También sufrí varios incidentes similares porque, una vez más, ignoré mi intuición. Acabó en un colosal descarrilamiento para mí, con un caso grave de "encoñamiento", cuando ella me engañó (después de que yo intentara imponer límites con sus hijos otra vez).

La experiencia del socio comercial

Poco después de cobrar mi indemnización por despido y volver a casa, me asocié con un amigo con el que solía trabajar para ofrecer servicios de alivio de la deuda a los consumidores. Él seguía teniendo un trabajo que le pagaba muy bien, así que yo hacía casi todo el trabajo y él sacaba la mitad del dinero de la cuenta del negocio cada mes.

Trabajaba muy duro para que funcionara; ganábamos unos 30.000 $ al mes por un negocio con sólo dos empleados y sin gastos generales, así que al principio me parecía increíble.

Hasta que me di cuenta de que mi socio tenía problemas con las drogas y era un obseso del control.

Mi intuición me decía que me fuera. Pero, una vez más, no le hice caso. No fue hasta ocho meses después cuando se convirtió en un grito literal en mi cabeza. Y sólo cuando mi socio me gritaba por mi insistencia en que dejara su trabajo y se uniera a mí a tiempo completo. En pleno estado de histeria, empezó a gritarme que "nunca me había puesto en los libros de la empresa" y que técnicamente "no existo" en el negocio.

Al principio, la cosa acabó muy mal. Sin embargo, rápidamente me recuperé y, con la ayuda de mi hermano, formé lo que se convertiría en la empresa de liquidación de deudas con más éxito de Canadá.

Cada vez que he tenido problemas con mujeres, empleados, socios comerciales o cualquier otra cosa, ha sido porque no escuché mi intuición y despedí a esa persona de mi vida con la suficiente rapidez.

Con las mujeres, los amigos, los empleados y los socios comerciales, contrata siempre despacio y despide rápido. Debes ser meticuloso con tu tiempo y con a quién permites entrar en tu círculo íntimo.

La cruda verdad

No lo olvides nunca:

- Te corresponde tomarte tu tiempo con el periodo de investigación. La "fase de luna de miel" puede aplicarse en otros ámbitos de la vida, no sólo en las relaciones.
- Mantente alerta y observa si las acciones de alguien coinciden con sus palabras. Ignora lo que dicen y observa lo que hacen, ya que las palabras pueden ser vacías, mientras que las acciones dicen la verdad.
- Si ves que hay incoherencia entre sus palabras y sus actos, debes estar preparado para sacarlo de tu vida lo antes posible.
- Asegúrate de que has hecho tus deberes legales cuando se trate de socios comerciales (o relaciones de pareja o matrimonios), y luego ejecuta esa estrategia con precisión y rapidez militares.
- Y por último, escucha a tu instinto. Es tu cerebro diciéndote que las cosas definitivamente no cuadran.

Informe de campo de Steve el de Contabilidad

La ética de este capítulo de cortar rápidamente las relaciones que no te sirven ha sido toda una revelación para mí (como alguien que era un completo "buen chico"). Lo he aplicado tanto a mi vida sentimental tras el divorcio como a un par de relaciones de negocios.

En lugar de intentar forzar una relación concreta para que funcione, me he asegurado de que si detecto alguna incongruencia en las palabras de alguien frente a sus actos, entonces compruebo si ambos seguimos en la misma línea o no. Si no es así, le deseo lo mejor en la vida (con total sinceridad) y luego le dejo en paz. No hay necesidad de ser un capullo con la gente (eso normalmente sólo sirve para buscarte problemas de nuevo en algún momento: el karma es una perra, y la venganza suele venir con intereses compuestos).

Si valoras tu tiempo (que es el bien más valioso que cualquiera de nosotros tiene), entonces te corresponde a ti ver si la relación te está sirviendo.

En lo que respecta a las citas, es imprescindible que tengas una verdadera mentalidad de abundancia para que esto funcione realmente. Me temo que aquí no hay "finge hasta que lo consigas".

Curiosamente (y no es ninguna mentira), justo cuando estaba a punto de añadir mi informe de campo a este capítulo, recibí un mensaje de WhatsApp de una mujer de 31 años con la que tuve una cita la semana pasada. Quería que le aclarara lo que buscaba, le dije directamente que no buscaba nada serio (reafirmando también que no ofrezco exclusividad), y ella me dijo que buscaba algo exclusivo.

Le agradecí su sinceridad, le dije que eso no iba a funcionar conmigo y le deseé lo mejor en su búsqueda. No hubo drama. Ella liberó mi tiempo.

Respétate a ti mismo y respeta tu tiempo, nadie lo va a hacer por ti.

7

EL ORDEN SOCIAL PRIMARIO FEMENINO

Uno de los conceptos más difíciles con los que luchan los hombres hoy en día, es que los hombres viven en un orden social en el que "lo femenino es lo primero".

Es importante que los hombres comprendan cómo nosotros, como sociedad, valoramos lo femenino por encima de lo masculino, y también por qué es así.

Hasta que un hombre acepte esta realidad y actualice sus creencias básicas, luchará para siempre con la realidad que supone desenchufarse de las mentiras reconfortantes.

El hombre medio ha sido alimentado toda su vida con una dieta constante de narrativas estupidas, como: "Las mujeres están oprimidas", "El patriarcado es malvado", "La masculinidad es tóxica", "Todos los hombres son violadores", "Las mujeres son víctimas" y "Las mujeres cobran menos que los hombres por el mismo trabajo".

En realidad, cualquier parecido de estas narrativas con la realidad es pura coincidencia. Esta indignación está fabricada por un orden social primario "primero la mujer", y tiene su origen en una versión tóxica del feminismo que ya no trata de la igualdad. Sino de dominación femenina y sumisión masculina.

Si prestas atención, te darás cuenta de que existe una narrativa continua que desprecia la difícil situación de los hombres, e incluso, de alguna manera, convierte a las mujeres en víctimas de la desechabilidad masculina.

Hillary Clinton lo ilustró elocuentemente cuando dijo:

> *"Las mujeres siempre han sido las principales víctimas de la guerra. Las mujeres pierden a sus maridos, a sus padres, a sus hijos en combate".*

Así pues, los hombres mueren en la guerra, pero -según Hillary- son las mujeres las más afectadas. Como si dijera que la muerte, a menudo dolorosa, de un soldado que lucha por la libertad de la cultura occidental es simplemente insignificante.

Los hombres, el sexo desechable

El Dr. Warren Farrell es un educador, activista y autor de voz suave sobre cuestiones de género. Fue el único hombre que fue elegido tres veces miembro de la junta de la Organización Nacional de Mujeres, que es una organización feminista, y pasó gran parte de su vida abogando por el feminismo.

Durante su trabajo en defensa de las mujeres, un interruptor se encendió en su cabeza cuando se dio cuenta de que las mujeres no son, de hecho, el sexo oprimido. Por el contrario, las mujeres son el sexo protegido.

Pero, cuando cambiamos la discusión y hablamos de un orden social primario femenino que no es víctima de los hombres, entonces invita a la ira, la incredulidad y el ridículo, como si dijéramos: "¡Cómo te atreves a sugerir que las mujeres no son víctimas y que los hombres son tratados como desechables!".

En su libro "El mito del poder masculino", el Dr. Farrell desvela todo lo que aprendió en su experiencia como feminista masculino, al tiempo que señala los hechos fríos, duros e indiscutibles sobre el orden social primario de "lo femenino primero" en el que vivimos.

Aunque había defendido a las mujeres durante décadas, sus compañeros y críticos calificaron sus observaciones sobre los hechos que observaba de "promoción de la misoginia".

The Unplugged Alpha 2nd Edition (Versión española)

Una de las duras y frías verdades a las que los hombres deben acostumbrarse es que, siempre que alguien tiene un problema con los hechos, el problema no está en los hechos.

La verdad es que cualquier narración que no ponga lo femenino en primer lugar hoy en día será manipulada, por lo que se considera misoginia por defecto.

Algunos de los hechos interesantes que descubrí al consumir su obra fueron:

- Los hombres y las mujeres tienen tasas de mortalidad similares con el cáncer de próstata y de mama. Sin embargo, se gasta seis veces más dinero en investigar el cáncer de mama.
- El 85% de las personas sin hogar en EEUU son hombres.
- Los hombres son condenados a penas de prisión mucho más largas que las mujeres, exactamente por el mismo delito.
- En el divorcio, los hombres quedan más a menudo arruinados económicamente, con poco -o a veces ningún- acceso a sus propios hijos, mientras que el derecho de familia enriquece a la madre (nada menos que a costa de él).
- Los hombres, por un amplio margen, acceden a profesiones más peligrosas al convertirse en: Techadores, Bomberos, Agentes de la Ley, Mineros y Soldados. La friolera del 94% de todos los accidentes laborales son hombres. Los hombres también se desplazan más y trabajan más horas que las mujeres. Así que, aunque los hombres suelen ganar más, es porque asumen funciones más arriesgadas y, por tanto, mejor pagadas. A menudo porque intentan comprar su camino hacia la aprobación y el amor femeninos.
- 24 de las 500 empresas de Fortune están dirigidas por mujeres. Así pues, el estado de California, en un esfuerzo por igualar los resultados (pero sin igualdad de esfuerzos, ni de méritos), aprobó una ley en 2018

para obligar a las empresas que cotizan en bolsa a poner más mujeres en los consejos de administración. Sin embargo, no existe esa presión para que haya más mujeres en las minas de carbón, en las perforaciones marinas o en los camiones de la basura.

- En las situaciones en las que uno de los progenitores debe pagar una pensión alimenticia al otro, los hombres tienen el doble de probabilidades que las mujeres de pagarla. Sin embargo, a diferencia del despectivo término "padre moroso", no existe un equivalente femenino similar en la corriente dominante. ¿Quizás "madre morosa"?
- Más del doble de hombres son víctimas de delitos violentos en comparación con las mujeres (incluso cuando se incluye la violación), y los hombres también tienen tres veces más probabilidades de ser asesinados.
- A los chicos se les enseña en un sistema escolar centrado en las mujeres, en su mayoría por mujeres.
- Desde los primeros cursos, las escuelas educan mejor a las niñas. Las mujeres obtienen ahora la mayoría de los títulos de Diplomatura, Licenciatura, Máster y Doctorado, y su proporción de títulos universitarios aumenta casi cada año.
- En todas las comedias y anuncios de televisión, los hombres son retratados como idiotas beta chapuceros. Incapaces de hacer nada bien y son el blanco de todas las bromas, mientras que las mujeres son alabadas y celebradas.

Estos hechos nos demuestran que la sociedad da mucho más valor e importancia a la vida de las mujeres que a la de los hombres. Si vives en Occidente, no estamos en un patriarcado como el feminismo tóxico quiere hacernos creer, sino que vivimos en un matriarcado. Nuestro sistema está gobernado por mujeres, para mujeres.

La sociedad trata a los hombres como desechables y a las mujeres como el sexo protegido.

The Unplugged Alpha 2nd Edition (Versión española)

No pasa nada, porque siempre hemos valorado más a las mujeres que a los hombres. Seamos honestos al respecto, en lugar de lanzar mentiras sobre que las mujeres son las oprimidas, mientras que los hombres son los opresores.

Novias de guerra

A lo largo de la historia, los hombres siempre han sido desechables, mientras que las mujeres eran valoradas y protegidas. Retrocede 20.000 años. Si un imperio hostil en guerra conquistaba una nación vecina, todos los hombres en edad de luchar que no morían durante el conflicto eran asesinados después o encadenados y esclavizados.

Los jóvenes influyentes eran reclutados en legiones para luchar por los conquistadores. Mientras que las mujeres y las niñas eran llevadas al ejército conquistador, conservadas como novias de guerra, por su valor en la procreación.

Para poner esta dinámica en perspectiva hoy en día, es una de las razones por las que a las mujeres les resulta mucho más fácil superar una ruptura que a los hombres. Las mujeres, en función de la adaptación, necesitan poder adaptarse rápidamente y pasar de hombre a hombre con facilidad si quieren sobrevivir.

Forma parte de la naturaleza hipergámica de la mujer buscar siempre al mejor macho que pueda conseguir. ¿Gana la tribu guerrera? Entonces los hombres de esa tribu se convierten ahora en su mejor opción de supervivencia por defecto.

Los hombres siempre han sido protectores desechables. Las mujeres siempre han seleccionado a los mejores hombres para sobrevivir. Incluso si eso significaba convertirse en novia de guerra de un ejército conquistador que mataba, o esclavizaba, a su familia.

"Masculinidad tóxica"

Vivimos en una época en la que "Masculinidad tóxica" significa que "'Toda masculinidad es tóxica". Esto es especialmente cierto cada vez que un hombre comete un crimen violento, o un tiroteo masivo.

En 2018, Nikolas Cruz, de 19 años, cogió una pistola, disparó y mató a 17 personas en su antiguo instituto. Le pintaron la cara en todos los medios de comunicación, con titulares que afirmaban que sus acciones eran el resultado de la "Masculinidad tóxica". Los medios de comunicación publicaron los siguientes titulares tras el suceso:

> "Cómo se relacionan la violencia armada y la masculinidad tóxica, en 8 tuits"
> - El Huffington Post

> "La masculinidad tóxica nos está matando"
> - El Boston Globe

> "Las armas no matan a la gente; los hombres y los chicos matan a la gente, dicen los expertos"
> - USA TODAY

Se trataba de un niño traído al mundo por una madre soltera irresponsable que supuestamente bebió alcohol durante el embarazo. Lynda y Roger Cruz lo adoptaron cuando era un bebé. 17 meses después, la familia Cruz se enteró de que la madre biológica de Nikolas había dado a luz a otro niño, de otro padre, al que también adoptaron. Roger murió cuando Nikolas tenía cuatro años, dejando a Nick y a su hermanastro a cargo de su madre adoptiva, ahora viuda y soltera.

Los chicos criados en un hogar de madre soltera tienen tasas de delincuencia y problemas de salud mental desproporcionadamente más altas. El 73% de los adolescentes asesinos crecieron sin padre. El 85% de los adolescentes con problemas de conducta proceden de hogares sin padre, mientras que el 85% de los jóvenes encarcelados crecieron en hogares sin padre. La verdad es que la inmensa mayoría de la actividad de las bandas de adolescentes, las malas notas, los suicidios, los embarazos de adolescentes, etc., proceden de hogares de madres solteras.

Al leer los artículos, te das cuenta rápidamente de que a Nikolas nunca le enseñaron disciplina, determinación ni capacidad de perseveración. También fue producto de la generación del "trofeo de participación", en la que "¡Todo el mundo es un ganador!" por defecto. Por lo tanto, nunca necesitó aprender a enfrentarse a la derrota en la vida o al rechazo de las mujeres.

Como su sistema de creencias carecía de toda capacidad para enfrentarse a las mujeres, o al rechazo, cuando fue acosado en la escuela, y luego rechazado por una chica que le gustaba, no fue sorprendente que recurriera por defecto a la programación femenina con la que creció. En última instancia, el resultado fue un estallido de ira y resentimiento, que le llevó a matar a los compañeros que le rechazaban.

Sin embargo, cuando busqué en Internet, no pude encontrar ni un solo artículo sobre cómo los chicos como Nikolas necesitan un padre al crecer. O sobre cómo 26 de los últimos 27 asesinos que perpetraron matanzas escolares procedían de hogares sin padre.

Con un número cada vez mayor de niños criados por madres solteras, y la gran mayoría de los profesores de hoy en día son mujeres, la mayoría de los niños reciben muy poca influencia de modelos masculinos fuertes y virtuosos.

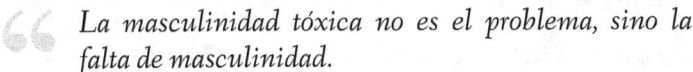

> *La masculinidad tóxica no es el problema, sino la falta de masculinidad.*

Si quieres desenchufarte de las mentiras, tienes que aprender a cuestionar las narrativas sociales como hombre; pregúntate constantemente por qué se demoniza a los hombres y se alaba a las mujeres.

Rinocerontes extintos

Frecuentaba muchos actos de aprendizaje empresarial en Toronto cuando estaba en la Organización de Empresarios, y una vez conocí en una cena a un sudafricano que nos contó una interesante historia sobre cómo los rinocerontes estuvieron a punto de extinguirse a manos de los cazadores furtivos de elefantes.

Al parecer, la recolección masiva de colmillos de machos adultos por parte de los cazadores furtivos, casi eliminó a los elefantes macho de un Parque Nacional del que él era responsable en África. Al parecer, los elefantes son excepcionalmente inteligentes, están jerarquizados en sus estructuras de clasificación social y me han dicho que incluso lloran a sus muertos. Sin embargo, sin elefantes machos adultos que controlaran la manada, los elefantes machos jóvenes embestían y mataban rinocerontes, al parecer por entretenimiento.

Cuando volvieron a controlar la caza furtiva de elefantes macho, la población de rinocerontes también repuntó. No se puede subestimar la importancia de los machos fuertes en la sociedad y en el reino animal. Hoy sabemos que la inmensa mayoría de las actividades degeneradas de los adolescentes son el resultado de un padre ausente durante la infancia, así que no es de extrañar que esto se traslade también al reino animal.

El camino a seguir

El objetivo de este capítulo no es enfadarte. Más bien pretende ampliar el alcance de tu pensamiento como hombre a las realidades del mundo moderno en el que vivimos. Y aceptar la realidad de dónde estamos es el primer paso para avanzar.

La dura y fría verdad

No lo olvides nunca:

- El feminismo de tercera generación no se trata

siquiera de "igualdad". Más bien trata de la dominación femenina y la sumisión masculina.

- La hipergamia es una técnica de supervivencia evolutiva que garantiza que la hembra, y luego sus hijos, sean cuidados por el hombre más fuerte y con más recursos.
- La sociedad suele ver a los hombres como el sexo desechable. Por ejemplo, el clásico planteamiento de "las mujeres y los niños primero" en los barcos que se hunden (u otras catástrofes).
- Los hombres constituyen casi todos los suicidios (y muchos de ellos se deben a relaciones pasadas fallidas, sobre todo las que implican a sus hijos, a los que ya no tiene "permiso" para ver).
- Si no aprendes a aceptar este modo de vida, corres el riesgo muy real de tomar la "píldora negra" y volverte excepcionalmente hastiado de todas las mujeres y de buscar cualquier tipo de relación con ellas (ya se trate de platos giratorios, relaciones de pareja no exclusivas o de otro tipo). Puedes evitar que esto ocurra actualizando tu sistema de creencias con adaptaciones saludables y aprendiendo a maximizar tus beneficios minimizando los riesgos.

Informe de campo de Steve el de Contabilidad

Esta es una de esas cosas que no puedes "dejar de ver" una vez que la has visto. Ya sea en los lugares de trabajo, en las noticias o en cualquier otro sitio, he llegado a ver la mentalidad de "las mujeres primero" por todas partes.

También ha sido interesante ver que esta narrativa se cuestiona más abiertamente (y recientemente) en distintos canales de YouTube. Por supuesto, aunque existen los canales "centrados en el drama" (como "Fresh 'n Fit" y "Whatever", donde intentan explicar estos hechos a las mujeres más jóvenes y modernas), al menos se ha producido algún tipo de retroceso en el público (que es al menos algo desde que se publicó la primera edición de este libro allá por 2020).

Por ejemplo, el repentino y meteórico ascenso de Andrew Tate ha hecho que muchos de estos temas se discutan más en los principales medios de comunicación, y muchos de ellos han generado un intenso debate. Como mínimo, Andrew ha puesto la masculinidad en el primer plano de muchas más mentes que antes. Y eso sólo puede ser bueno.

Pero, por desgracia, al menos por mi experiencia en los sitios de citas, el personaje de "fuerte, independiente, "perra jefa"" está muy vivo y goza de buena salud.

La realidad es que a las mujeres no suelen importarles los hechos que Rich expuso en este capítulo. Sólo les importa cómo se sienten (que, como todos sabemos, puede cambiar en un abrir y cerrar de ojos).

He descubierto que es mucho más beneficioso aceptar simplemente el solipsismo natural de las mujeres, dejar que se desahoguen emocionalmente y volver a dirigir el marco de mis interacciones con ellas.

No es necesario luchar contra ellas en este sentido (como muchos canales de YouTube lo intentan hoy en día). Simplemente céntrate en comprender, y luego aceptar, la naturaleza de una mujer por lo que es, y luego navega en consecuencia.

Si esas mujeres "perra jefa" siguen solteras cuando sean mayores, o eligen establecerse en una relación profundamente insatisfactoria que están llevando, que sea su problema, no el tuyo.

Prefiero gastar mi limitada energía en liderar a mujeres cálidas y femeninas que quieran ser lideradas. Todo lo demás no es más que ruido.

8
CUANDO "LOS HOMBRES SIGUEN SU PROPIO CAMINO" (MGTOW)

Existe un movimiento creciente de hombres que deciden abandonar por completo el mercado sexual. Este movimiento de Hombres que Siguen su Propio Camino es más conocido por su acrónimo "MGTOW".

Aunque puedo estar de acuerdo con muchas de las quejas que los MGTOW tienen de las mujeres y del mundo en que vivimos, no estoy de acuerdo con su respuesta.

Algunos MGTOW limitan sus interacciones femeninas estrictamente a las citas ocasionales (aunque se trate de alguien que les halague de verdad y añada un valor real a su vida).

En otros casos, los hombres no pueden competir en el mercado sexual y parecen estar involuntariamente "Mandados a su propio camino". Esos hombres se convierten en lo que se conoce como un célibe involuntario, o un "Incel".

El problema tal y como ellos lo ven:

- A decir verdad, he perdido la cuenta de la lista de quejas que los MGTOW han planteado sobre las mujeres. Sin embargo, he aquí una recopilación de las frases que he oído con más frecuencia:
- "Leyes de divorcio hostiles hacia los hombres que despojan a éstos de su riqueza y del acceso a sus hijos, al tiempo que enriquecen a la madre".

- "Las mujeres se han vuelto excesivamente autoritarias y malcriadas". "Si a un tipo como Brad Pitt se le puede llevar la contraria en las leyes de divorcio, ¿qué posibilidades tengo yo?".
- "Las mujeres buscan constantemente validación y atención en las redes sociales".
- "Las mujeres son oportunistas maquiavélicas con el poder del Estado a sus espaldas, y al mismo tiempo son niñas incompetentes que se dejan llevar por sus emociones".
- "Si el matrimonio fuera un contrato comercial, mandarías al otro a tomar por culo".
- "Las mujeres votan mal, deroga la 19ª y quita el derecho de voto a las mujeres".
- "El feminismo es un movimiento supremacista y odio contra los hombres".
- "Las mujeres pueden presentar una denuncia falsa por violencia doméstica sin pruebas".
- "Hoy las mujeres pueden ser promiscuas impunemente". "Miedo al fraude de paternidad y a la cornudez".
- "Miedo a las Enfermedades de Transmisión Sexual (o ETS)". "Las leyes ginocéntricas de la mayoría de los países occidentales favorecen a las mujeres".
- "Miedo a la falta de lealtad a 'un buen hombre'". "Falsas acusaciones de '#metoo'".

Todo esto forma parte de la lucha de los hombres de hoy, y estas quejas son legítimas.

Los peligros de la "Furia de la píldora roja"

La "Furia de la píldora roja" (también conocida como fase de la ira) es una de las fases iniciales y más peligrosas de la "desconexión" de un hombre. Ahora bien, la ira es una respuesta natural, y muy legítima, a algo que crees que es una injusticia. Por tanto, es perfectamente aceptable sentirse enfadado por algo. De hecho, la ira puede ser una gran herramienta de motivación para que reorientes tu energía hacia los lugares adecuados.

Sin embargo, si te quedas atascado en esta fase de estar enfadado todo el tiempo, empiezas a correr el riesgo real de amargarte demasiado tanto con las mujeres como con el mundo que te rodea. Esta amargura seguirá carcomiéndote mientras dejas que tu cerebro descienda a esos lugares profundos y oscuros de tu mente que ni siquiera sabías que existían.

Mira, el mundo tal como lo conoces no se basa en el idealismo de la "justicia". Nunca lo ha estado y nunca lo estará. La sociedad sigue alimentándote con tu "trofeo de participación", dándote palmaditas en la espalda por llegar el último, y te dirá que si eres "amable" con todo el mundo (especialmente con las mujeres), al final "todo saldrá bien".

Es cierto que la mayoría de los MGTOW comprenden esta realidad. Sin embargo, prefieren jugar la carta de la víctima y mantenerse al margen. Y ésa es su elección. Por desgracia, también es la mentalidad de un desertor. Y, por definición, los que abandonan nunca ganan.

Si estás saliendo de un divorcio de mierda, o algo similar, y necesitas pulsar el botón de reinicio en tu vida. Entonces claro. Por supuesto, tómate tu tiempo para recentrarte y aprender de verdad a convertirte en tu propio punto de origen mental. Sin embargo, esto sólo debería ser un paso muy temporal antes de que utilices tu nuevo conocimiento del mundo, y del mercado sexual, para elevar tu vida a nuevas e incalculables cotas de excelencia y felicidad.

Ríndete a la naturaleza femenina

¿Te irrita el mar por estar mojado? ¿Te irrita el sol porque da calor? Entonces, ¿por qué te enfadas tanto con las mujeres por hacer lo que está en su programación biológica desde que el homo sapiens empezó a vagar por la Tierra?

Te guste o no, las mujeres desarrollaron la hipergamia como medio de supervivencia. Si una mujer elegía al hombre equivocado para emparejarse y procrear, eso supondría una condena segura tanto para ella como para su hijo. Así pues, asegurarse de que obtenía "lo mejor que podía obtener" significaba literalmente la diferencia entre la vida y la muerte para ella y sus hijos.

Y como la hipergamia les ha sido impuesta, nada ha cambiado con el paso de los años.

Aprender a aceptarla y luego navegar por ella

Cuando por fin llegues a la fase de "aceptación" de cómo funciona el mundo y el mercado sexual, estarás en la posición perfecta para "darle la vuelta al guión" y utilizar este conocimiento en tu beneficio mientras navegas por la vida.

Es casi como tener un superpoder con el que puedes "ver el código del Matrix" en tiempo real.

La solución de la "Píldora Negra"

La solución estándar MGTOW de la "píldora negra" es: sigue tu propio camino y evita a las mujeres por completo. O, como mínimo, si permites que las mujeres entren en tu vida, nunca vivas con una mujer de forma que el estado considere automática y legalmente esa cohabitación como un matrimonio.

También parece subyacer en algunos MGTOW la creencia de que, si convencen a un número suficiente de hombres de que "se hagan MGTOW", las mujeres se verán mágicamente obligadas a volver a la fila y empezarán a amar a todos los hombres por lo que son.

A lo largo de la historia, las mujeres siempre han rechazado a los hombres que personalmente consideraban débiles o incompetentes.

Sencillamente, las mujeres no se relacionan con hombres a los que ven como desertores.

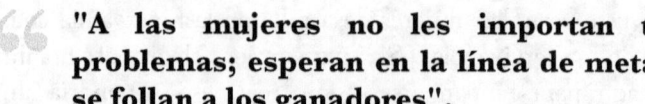
"A las mujeres no les importan tus problemas; esperan en la línea de meta y se follan a los ganadores".

Un comentario popular que he leído en mis vídeos es "DDD" o "Tíos, perros y muñecas". Los tíos, u hombres, se utilizan para la amistad, los perros para la compañía (y el afecto), mientras que las muñecas sexuales se utilizan para la liberación sexual.

Esto se parece muchísimo a la narrativa tóxica que las feministas venden a las mujeres. Eso de "Sólo necesitan a sus amigas, gatos y vibradores".

Muñecas sexuales e Inteligencia Artificial

La solución del "muñeco de tamaño adulto" entre algunos MGTOW consiste en practicar sexo con un muñeco inanimado. Haz una búsqueda rápida en Google de "muñeca sexual" y verás a qué me refiero.

Encontré una publicación en Twitter del usuario @Masumi con un tuit fijado de una muñeca sexual que parece un "10 perfecto". Dice así:

> "Sabes que no te quiere, así que deja de fingir, déjala y cómprate una muñeca hoy mismo. Siempre leal, siempre a tu lado, 0% de posibilidades de una falsa acusación de violación, ETS, violación por divorcio, embarazo, nunca te pedirá más. Hay opciones de crédito".

Como comercial, me impresiona el texto, pero no estoy convencido de que sea la mejor solución.

Y en 2023, con el advenimiento, la adopción a gran escala y el rápido avance de la Inteligencia Artificial y los Grandes Modelos Lingüísticos (como ahora el infame ChatGPT), los hombres solitarios recurren ahora a estas nuevas tecnologías, en constante evolución, para llenar el vacío femenino que se niegan a buscar en la vida real.

Los creadores de OnlyFans utilizan ahora la Inteligencia Artificial para cobrar mucho dinero a estos hombres solitarios por "hablar" con su avatar digital de Inteligencia Artificial. Y algunos de estos creadores están ganando mucho dinero cada día utilizando esta tecnología (que aún está en su relativa infancia).

No sólo eso, si buscas en Google "MGTOW" hay más de 3,5 millones de resultados. Hay cientos de canales de YouTube dedicados a hombres que hablan de por qué las mujeres no merecen tu tiempo. Sin embargo, muchas empresas de muñecas sexuales patrocinan estos canales y a menudo terminan sus argumentos sobre cómo deberías "hacerte MGTOW y conseguir una muñeca".

Sí, el feminismo ha destruido la familia nuclear. Las mujeres son más masculinas hoy en día, menos agradables, más interesadas en buscar atención y validación en las redes sociales y en hacer carrera. La violación por divorcio es un problema real si te casas. Una mujer puede alegar violación sin pruebas (arruinando la carrera de un hombre), y esto es posible porque el mundo está construido en torno a un orden social primario femenino.

Los riesgos que las mujeres suponen para los hombres son bastante elevados. Sin embargo, la narrativa MGTOW suena como: "Eres una víctima; abajo la ginocracia".

Lo cual suena muy parecido a la narrativa feminista tóxica utilizada por las mujeres, que parece ser: "Eres una víctima; abajo el patriarcado".

La mayor diferencia entre los MGTOW y las feministas es que los MGTOW dicen que debes abandonar un juego que está amañado en tu contra. Mientras que las feministas chillan a voz en grito y organizan protestas para marchar sobre los responsables políticos sólo para doblegar aún más leyes a su favor.

Tanto las feministas tóxicas como los MGTOW parecen tener el mismo fin en mente: el aislamiento y la segregación de los sexos.

Mira, la vida siempre ha estado amañada contra los hombres. No estamos en una época dorada en la que las cartas se hayan puesto en contra de los hombres, como nunca antes habíamos visto.

¿Acaso los 300 espartanos dijeron que era un juego amañado cuando los persas los invadieron y rodearon? ¿Se rindieron los británicos cuando Hitler inició un ataque aéreo masivo contra las Islas Británicas durante la batalla de Gran Bretaña?

La última vez que lo comprobé, nadie ha ganado nada abandonando.

Ganas averiguando a qué te enfrentas, adaptándote y dominando el juego. Al fin y al cabo, toda lucha a la que un hombre debe enfrentarse en la vida conlleva algún riesgo.

Ten cuidado con cualquiera que te venda miedo o una mentalidad de víctima. Una mentalidad de víctima es una mentalidad de perdedor.

Los verdaderos MGTOW

En mi opinión, los verdaderos MGTOW son los hombres que llevan su vida tranquilamente, sin señalar ni chismorrear constantemente a las mujeres, a la sociedad o a cualquier otra persona que viva su vida de forma diferente a ellos. Esto es lo que yo entendí en un principio que era este movimiento.

El auge de los incel

Hay un subgrupo de hombres que se autodenominan MGTOW. En realidad, no es por elección. Más bien sienten que no pueden atraer a las mujeres y que no les ha ido bien con ellas en el pasado, por lo que ahora son hombres involuntariamente célibes.

Las frases utilizadas por los Incels en Internet suelen sonar más o menos así:

> *"¿Por qué no les gusto a las chicas? Es decir, soy literalmente un tío estupendo, sólo porque no sea atractivo o no tenga dinero no significa que no sea un buen partido."*

Si eres bajo y delgado, sé bajo con músculos y rico. Si eres feo, sé feo, musculoso y rico. Napoleón sólo medía 1,70 m. Y Mick Jagger es de lo más feo que hay. Sin embargo, ninguno de estos hombres tuvo muchos problemas con las mujeres, ni con el éxito en la vida, porque se dejaron la piel.

Lo más triste de todo es que al menos 27 asesinatos en masa

sólo en Norteamérica se han atribuido a hombres que se han identificado abiertamente como Incel.

Estos hombres nunca aprendieron a manejar el rechazo, a aprender de sus experiencias ni a aceptar que tenían que trabajar un poco sobre sí mismos. La culpa de sus resultados en la vida era siempre de los demás o de la sociedad. ¿Te suena?

El incel confeso Alek Minassian, publicó lo siguiente en Facebook poco antes de alquilar una furgoneta y lanzarse a matar en Toronto:

Recluta Minassian Infantería 00010, desea hablar con el Sargento 4chan por favor C23249161. ¡La rebelión Incel ya ha comenzado! ¡Derrocaremos a todos los Chads y Stacy! Todos aclamen al supremo caballero Elliot Rodger.

Minassian condujo su furgoneta alquilada por encima del bordillo de la acera, matando a 10 personas e hiriendo a 16 más. Su referencia a "Chads y Stacys" es relevante porque la frustración era que, como Incels, no pueden competir con machos más fuertes y alfa (Chads), ni con las mujeres (Stacy's) que suspiran por los Chads.

Uno pensaría que los hombres "que van a su aire" se desconectarían de la sociedad y vivirían su propia vida en paz. Pero el levantamiento Incel nos ha demostrado que existe una subcultura peligrosa de MGTOW.

Más vale prevenir que curar

Los MGTOW dirán que el feminismo ha destruido el contrato social entre hombres y mujeres. Es difícil no estar de acuerdo con esa observación.

Pero, si buscas canales en YouTube sobre MGTOW, encontrarás páginas y páginas de vídeos con narraciones que respaldan estas afirmaciones con desgloses analíticos, muy bien pensados, que lo convierten en un movimiento de odio pasivo-agresivo.

En última instancia, los hombres persuadidos y frustrados son el objetivo de estos vídeos de reclutamiento.

Una vez me topé con un vídeo de un MGTOW en el que

explicaba que ya no bastaba con evitar el matrimonio, que el feminismo se había infiltrado en el derecho civil hasta el punto de que las mujeres vengativas podían presentar órdenes de alejamiento por violencia doméstica en EEUU contra un hombre con el que no vivían. Y, aunque no estuvieran casados, ella podía sacarle la pasta, sin pruebas, sin que él supiera nada y sin una pizca de evidencia.

Lo único que tienen que hacer las mujeres es alegar que eres violento, y la ley se pondrá inmediatamente de su parte. Da miedo, ¿verdad?

Al final de esas charlas tan bien presentadas, tendrán a muchos hombres, erróneamente, creyendo que todas las mujeres son demonios.

Aunque no estoy en desacuerdo con la amenaza, lo que cuestiono es la importancia de la misma.

Profundicemos en las matemáticas utilizadas...

A los MGTOW se les dan muy bien las estadísticas. El creador del contenido de este vídeo de reclutamiento proporcionó cifras que sugerían que cada año se presentan 900.000 órdenes de alejamiento por violencia doméstica en EEUU. Preguntando si a ti, como hombre, te gustaría que te echaran de casa, te quitaran el coche y la mitad de tus cosas basándose en acusaciones, no en pruebas.

Ahora bien, ¿y si las mujeres presentaran esas 900.000 órdenes de alejamiento? Aunque es improbable que sea así, por el bien del argumento, supongamos que todas lo hicieron.

Ahora hay 325.000.000 de personas en EEUU. De las cuales la mitad son hombres.

Eso nos deja con 162.500.000 hombres y sabemos que unos 40.000.000 de esos hombres tienen menos de 20 años.

Así pues, podemos suponer que hay 122.500.000 hombres que podrían haber estado expuestos a esta amenaza potencial con una mujer. Recuerda que, en este vídeo de captación, el hombre no vive con nadie más y sólo sale con mujeres de forma exclusiva.

Eso es el 0,7% de la población masculina. Estadísticamente insignificante. Pongámoslo en perspectiva. Según datos de los Centros para el Control y la Prevención de Enfermedades, la probabilidad de que un conductor estadounidense muera como consecuencia de una lesión sufrida en un accidente de tráfico (que incluye a peatones, ciclistas y motoristas implicados en accidentes de tráfico), es de 1 entre 77. Eso equivale al 1,29% de la población masculina.

Es decir, un 1,29%. La inmensa mayoría de la población puede pasar por la vida sin morir en un accidente de coche. Sin embargo, los MGTOW dicen a los hombres que la amenaza es tan grande, que ahora todos los hombres deberían evitar por completo a la mitad de la población o, "simplemente, comprarse una muñeca".

En conclusión

Personalmente, me da igual lo que hagas con tu tiempo, o dónde te metas la polla. Una prostituta, una muñeca, tu mano o una mujer caliente. No soy la Policía del Pene. Sin embargo, lo que sí me molesta es que otros hombres que necesitan ayuda sean engañados por gente para venderles aceite de serpiente. Armándolos para que odien cómo es la sociedad, antes de venderles muñecas de silicona con las que tener sexo por 3.000 dólares, o empujándolos hacia el equivalente digital de la I.A.

De acuerdo, los hombres tienen la carga del rendimiento; las mujeres sólo tienen que aparecer y estar guapas. Pero parece que los MGTOW quieren que los hombres dejen de jugar a un juego del que, en realidad, ningún hombre puede salir por completo.

A menos que vivas en una cabaña en el bosque, sin conexión con la sociedad, siempre serás un engranaje del orden social primario femenino.

Incluso los MGTOW que se rascan el picor utilizando una muñeca sexual forman parte del imperativo femenino. Probablemente trabajen con mujeres y probablemente también compren productos y servicios facilitados por mujeres. Diablos, incluso su muñeca sexual que "Parece un 10 perfecto", les mantiene atados a lo social femenino.

La única solución adecuada es

- Haz el trabajo en la vida, para convertirte en alguien de alto valor,
- Hazte tu propio punto de origen mental,
- Aprende a manejar el rechazo como un adulto,
- Sé siempre la responsable del control de la natalidad,
- Aprender a detectar las personalidades peligrosas,
- Y, por último, comprende qué impulsa la atracción, el juego y cómo limitar tu riesgo en un mercado sexual hostil.

Si permites que una mujer entre en tu vida, es imprescindible que sea un complemento de esa vida, no el centro. Te incumbe mantenerte en tu propósito en la vida. Perseguir constantemente la excelencia con una creencia genuina de independencia de resultados.

Mira, desconectar de las mujeres puede ser un lugar interesante para visitar durante un tiempo si te divorcias o te han roto el corazón. Pero difícilmente es una solución para vivir en un mundo en el que la mitad de la población son mujeres.

La cruda realidad

No lo olvides nunca:

- Salir temporalmente del mercado sexual sólo es valioso si acabas de salir de un divorcio o una relación de mierda. Tomarte un tiempo para perseguir la excelencia y "subir de nivel en múltiples áreas de tu vida", sin duda te compensará. Sólo asegúrate de estar receptivo al aumento de mujeres de mayor calidad que se te dan a conocer ahora que eres un hombre de mayor valor.
- Recuerda que el 80% de las mujeres desean el tiempo y la atención del 20% de los hombres más valiosos. Perseguir la excelencia te situará fácilmente en el 20%

superior. Lo que hagas con tus opciones cuando llegues ahí... Bueno, eso depende enteramente de ti. Diviértete.

- El pensamiento MGTOW de la "píldora negra" es muy nihilista y poco saludable para tu estado mental y emocional. Sin duda, los hombres y las mujeres pueden complementarse en la vida. No todas las mujeres son feministas de tercera ola que odian a los hombres. Pero hay que saber "Encontrar los diamantes en bruto".
- Por último, la hipergamia simplemente "es". Acéptalo, dale la vuelta al guión y empieza a utilizar la hipergamia en tu beneficio.

Informe de campo de Steve el de Contabilidad

Es terriblemente fácil quedarse atascado en la parte de "Furia de la píldora roja" de la desconexión. Yo mismo estuve ahí durante unos cuantos años. Sin embargo, una vez que por fin llegué a aceptar de verdad la naturaleza femenina por lo que es (hipergámica por naturaleza), descubrí que podía empezar a disfrutar de la compañía y la energía que una mujer genuinamente femenina aportaba a mi vida.

Podía lamentar el hecho de que mido 1,70 y soy calvo de verdad, y de que proyecto una energía realmente negativa que casi nadie querría tener cerca (ni hombres ni mujeres). O puedo asumir esa mierda y trabajar constantemente para mejorar las áreas que están bajo mi control.

Por eso pasé 18 meses por mi cuenta, arreglando mi propia mierda tras separarme de mi ex mujer. Y me alegro de haberlo hecho. Me obligó a mirar de cerca dónde la había cagado y me permitió hacer el puto trabajo antes de volver a salir al mercado de las citas. Y mereció la pena cada gota de sangre, sudor y lágrimas.

Estoy en la mejor forma de mi vida (y me esfuerzo por estar aún en mejor forma), visto mucho mejor que antes, soy realmente mucho más feliz, sonrío mucho más a menudo y no tengo problemas para entablar conversación con las mujeres.

Recuerdo que hace poco fui a una nueva clase de salsa que era más avanzada de lo que estaba aprendiendo. Me lo tomé con calma, me reí y me encontré bailando con una mujer muy atractiva de 1,70 m aproximadamente. Bromeé con ella mientras bailaba, incluso metí la pata en algunos movimientos nuevos (y me reí mientras lo hacía), pero al final de mi baile con ella, me acercó más a su (condenadamente fino) cuerpo, y luego me apretó la mano cuando pasé a bailar con la siguiente mujer (¡que resultó ser su hermana!).

¿Las mujeres sólo quieren hombres de 1,80 m de altura y con la cabeza con buen pelo? Que te den por el culo con esas gilipolleces. Sólo UNA mujer me ha dicho que no saldría conmigo porque era más bajo que ella. Una. En dos años de citas.

¿Adivina qué? Si a ti no te importa una mierda, a ellas tampoco.

Te lo digo ahora, si estás arreglando tus cosas y viviendo tu mejor vida, desprenderás de forma natural una vibración energética positiva y optimista que es como una puta hierba gatera para las mujeres. Combínalo con una estructura sólida como una roca y unos límites sanos (que estés dispuesto a imponer sin complejos) y a menudo te encontrarás con más opciones de las que jamás creíste posibles.

¿Y si no las tienes? Bueno, ¿a quién coño le importa? De todos modos, estás viviendo realmente tu mejor vida. Cuando por fin aceptes la naturaleza femenina por lo que es (y no por lo que quieres que sea), tus interacciones con las mujeres se multiplicarán por diez. Inmediatamente.

Abrazarla también me ha permitido ver las cosas desde la posición de mi ex mujer. Claro que tomó decisiones imperdonables e inolvidables (repetidamente), pero al menos puedo entender por qué sintió la necesidad de tomar esas decisiones que cambiaron su vida. Y te aseguro que no volveré a cometer los mismos errores.

En última instancia, cuanto más subes de nivel en tu vida - en beneficio propio y/o de tus hijos (si los tienes)-, más fácil resulta salir con alguien de forma natural. Como son tan pocos los hombres que hacen algún tipo de esfuerzo (en absoluto), el hecho de que tú lo hagas te distingue inmediatamente de la multitud.

¿Las mujeres son hipergámicas? ¡Claro que lo son! Eso es lo que lo hace aún mejor. ¿Por qué crees que los hombres que más se esfuerzan por mejorar sus vidas son también los que tienen acceso a más mujeres, por defecto (o el "20% superior", como demuestran las aplicaciones de citas)?

Por cierto, puedes disminuir en gran medida (pero nunca eliminar por completo) las probabilidades de que te #metan simplemente no siendo un capullo con las mujeres. Cada vez que he decepcionado a una mujer, (casi) todas se han alegrado de ser amigas mías después. Yo, educadamente, he rechazado esas peticiones y me he limitado a desear a las mujeres (no locas de remate) lo mejor en la vida. A las locas de remate las bloqueé inmediatamente.

Mira, si quieres renunciar a las citas, como con todo en la vida, hazlo tú. Y espero sinceramente que consigas vivir tu mejor vida, independientemente de cómo elijas vivirla.

Sin embargo, habiendo experimentado personalmente la compañía de múltiples mujeres que han mostrado un auténtico deseo ardiente por mí, me alegra seguir disfrutando de la compañía de una mujer -femenina-. Claro, puede que en el futuro me quede sin una mujer (o sin sexo) durante un tiempo. Pero eso ya no tiene importancia. Ahora tengo una verdadera mentalidad de abundancia que trasciende todos los ámbitos de mi vida.

9
PRIMATES PROMISCUOS

La mayoría de los hombres idealizan un único tipo de relación con las mujeres. La versión que Walt Disney y la cultura nos vendieron de niños.

Un hombre, su mujer, sus hijos y el amor eterno.

La sociedad nos ha condicionado a creer que una relación va a ser agradable, romántica, cariñosa y respetuosa. Que encontraremos a esa "chica buena" que sólo saldrá contigo y te querrá. Que ambos os comprometeréis, luego os casaréis, tendréis hijos y viviréis "felices para siempre". Que será una esposa y madre fiel y cariñosa "En la riqueza y en la pobreza, en la salud y en la enfermedad. Hasta que la muerte nos separe".

Se trata de un contrato social que muy rara vez cumple su promesa de una vida dichosa. Por el contrario, el matrimonio conlleva importantes riesgos para los hombres.

Aunque en el próximo capítulo se habla más a fondo del matrimonio, es importante señalar que este contrato social es sumamente difícil de gestionar a largo plazo.

Nuestros antepasados, altamente promiscuos, vivían como cazadores/recolectores no monógamos, en pequeñas tribus nómadas, y nos precedieron en seis millones de años. Hemos vivido como humanos modernos durante 200.000 años, y la civilización, tal como la conocemos, empezó hace unos 6.000 años. La monogamia y el matrimonio sólo existen desde hace menos de 2.000 años.

Los hombres y las mujeres son, por naturaleza, muy promiscuos. También existe un enorme conflicto entre cómo nos han dicho que nos comportemos y nuestro cableado instintivo. Que se ha ido construyendo a lo largo de millones de años de evolución.

En este capítulo, quiero desenmascarar algunos mitos sobre los humanos e ilustrarte sobre la verdadera naturaleza de nuestras estrategias sexuales.

Se nos da fatal la monogamia

De hecho, como especie, somos muy promiscuos. En lo que respecta a los mamíferos, la monogamia no es nada común. De hecho, como estrategia sexual, la monogamia es un caso atípico entre los mamíferos.

Los conservadores tradicionales siempre me critican por hablar de lo mal que se nos da la monogamia. Pero, como dice el refrán, un bombardero sólo recibe fuego antiaéreo cuando está sobre el objetivo.

Los que estudian la dinámica entre hombres y mujeres aceptan universalmente que la estrategia sexual masculina es el acceso ilimitado a un número ilimitado de mujeres. Mientras que la estrategia sexual femenina es la hipergamia abierta.

Lo que esto significa es que los hombres quieren esparcir su semilla a lo largo y ancho. Como los hombres producen millones de espermatozoides cada mes, esas semillas son ridículamente baratas y están fácilmente disponibles.

Las mujeres, sin embargo, son más complicadas. Buscan la mejor inversión genética en su descendencia y el mejor macho proveedor, porque sus óvulos son un recurso limitado.

Debes tener en cuenta que la mejor inversión genética y el mejor macho de aprovisionamiento no son siempre el mismo hombre. A veces es un alfa de alto valor con una gran genética el que proporciona la semilla, y otro macho más beta y fiable el que satisface la necesidad de criar a la prole.

De ahí la popular frase que destila la sexualidad femenina de la hipergamia abierta como: "Alfa folla; Beta paga". La estrategia sexual de la mujer es dualista y bastante frustrante de comprender para la mayoría de los hombres. También es la razón por la que los hombres suelen quejarse de que las mujeres lloran por querer al "Sr. Fiable", mientras ella se va a follar al "Sr. Excitante" en su lugar.

Cómo cambia constantemente su estrategia sexual

Para complicar aún más el asunto a los hombres, hay que entender que la estrategia sexual de una mujer cambia con el tiempo. Por debajo de los 27 años, las mujeres suelen estar en sus años de fiesta, y se alegran de explorar y acostarse con tantos hombres alfa de alto valor como les sea posible. A finales de la veintena, ha alcanzado la "Fase de Epifanía" de su vida. Aquí es donde millones de años de evolución en su ADN le gritan: "Eh, señora, ¿dónde están los bebés?".

La "Fase de Epifanía" suele ser el momento en que las mujeres empiezan a buscar un hombre adecuado con el que tener hijos. Idealmente, quieren una semilla alfa fuerte y un protector beta tierno. Pero estos rasgos rara vez se dan en el mismo hombre, y los alfas de alto valor no son tan fáciles de conseguir para ella. Así que, reconociendo la urgencia del asunto porque tanto su fertilidad como su belleza son activos que disminuyen a medida que envejece, las mujeres a menudo transigirán y se conformarán con un hombre más beta que consideren "suficientemente bueno".

Por eso verás a menudo a muchas mujeres divorciadas de treinta y tantos años en el mercado de las citas, con hijos a cuestas tras iniciar su divorcio. Me encontré con muchas de estas mujeres en el mercado de citas tras mi propio divorcio. También observé una tendencia a utilizar alguna versión de la frase: "Le quería, pero ya no estaba ENAMORADA de él".

De algún modo, hoy es un perdedor en el peor de los casos, e inadecuado en el mejor. Pero, en algún momento, fue lo bastante bueno para ella.

Esto viola completamente los votos matrimoniales: "Tener y conservar desde hoy en adelante, en lo bueno y en lo malo, en la riqueza y en la pobreza, en la salud y en la enfermedad, amar y amar hasta que la muerte nos separe...".

¿Qué sentido tiene suscribir esta noción, si el 50% de los matrimonios acaban en divorcio, el 80% de los divorcios los inician las mujeres y de los que permanecen juntos menos del 13% permanecen en un estado de amor?

¿Dónde están el amor y el compromiso?

He entrenado a muchos hombres que se han tragado esto a pies juntillas. Sin embargo, deben comprender que el matrimonio no es un amortiguador de la hipergamia. Si una mujer siente que no ha dado lo mejor de sí misma, y su Valor de Mercado Sexual (o VSM) ha aumentado por encima del de su pareja de forma significativa, entonces el matrimonio está en peligro. Las mujeres pueden, y a menudo lo hacen, dejar a los hombres perfectamente buenos con los que hicieron esos votos, para poder "Ir a explorar sus opciones".

Suele ser el momento en que ella se aumenta el pecho, empieza a ir al gimnasio y al estudio de yoga, ¿y por qué no iba a hacerlo? Ha tenido hijos, así que el derecho de familia garantiza que estará bien cuidada económicamente. También hay mucha gente, y la cultura occidental le dice: "Vamos tía, no necesitas a un hombre y puedes hacerlo mejor".

Sus ciclos

Cuando las mujeres ovulan, se visten de forma más provocativa, llevan más maquillaje y exponen más piel. Es cuando prefieren a los hombres con señales de mayor testosterona, más simetría facial, una voz más grave, que sean más altos, que tengan músculos más grandes y, por supuesto, una verdadera presencia alfa. Básicamente, la parte "Alfa folla" de la ecuación de la hipergamia.

Pero, cuando las mujeres tienen la regla, su preferencia por los hombres se desplaza más hacia la comodidad, el aprovisionamiento y la seguridad. Esencialmente, la parte "Beta paga" de la hipergamia.

La realidad es que la sociedad, la religión, el gobierno, la escuela, los medios de comunicación, la cultura y la familia nos han programado como hombres para buscar a "la elegida" y estar sólo con ella. Pero, cuando observas el comportamiento de la estrategia sexual del ser humano, es más o menos "monogámico".

Rara vez nos emparejamos con una pareja para toda la vida. En cambio, intentamos declarar la monogamia a una pareja cada vez, mientras actuamos clandestinamente en nuestras aventuras adúlteras. Los humanos solemos tener múltiples parejas y relaciones sexuales a lo largo de nuestra vida.

En algún momento, aprenderás por las malas que las mujeres no son especialmente buenas siendo monógamas a largo plazo. Aunque tampoco lo son los hombres.

Las mujeres pueden pasar muy rápidamente de una pareja a otra, y de hecho lo hacen. En varios casos, he conocido a mujeres que se han acostado con varias parejas, estando "comprometidas", en un periodo de 24 horas, ya que consideraban que eso hacía avanzar su estrategia sexual. Todo ello sin darle importancia a sus sentimientos o a las inversiones de su ego en una relación con ella.

Personalmente, sé de mujeres que han hecho esto al menos dos veces en mi vida.

Sexo al amanecer

En el libro fundamental de 2011 de Chris Ryan "Sexo al Amanecer", examina en profundidad la promiscuidad humana a lo largo de la historia. Todas las pruebas evolutivas, y el terrible historial de éxito del matrimonio actual, apuntan a que tanto los hombres como las mujeres son increíblemente malos para establecer vínculos de pareja monógamos a largo plazo.

He aquí algunas verdades evolutivas chocantes sobre los humanos y nuestros primos primates con los que compartimos el 98% de nuestro ADN.

Diferencias de tamaño entre machos y hembras

Sólo los primates no monógamos tienen universalmente machos un 15-20% más grandes que las hembras. En los primates basados en el harén (como los gorilas), el diferencial de tamaño es aún más pronunciado, siendo el macho el doble de grande que la hembra. En los primates monógamos, como los gibones, no hay diferencia de tamaño entre machos y hembras.

Tamaño del pene y los testículos

Sólo los primates no monógamos y promiscuos tienen testículos grandes y un pene muy especializado para facilitar la competencia espermática en el tracto reproductor de la hembra. Los humanos, en comparación con la mayoría de los primates según su peso corporal, tienen testículos grandes y penes muy grandes. Los primates con harén, como los gorilas, tienen testículos diminutos del tamaño de una alubia y penes no especializados más pequeños que tu dedo meñique. Esto se debe a que el espalda plateada posee los derechos reproductivos de su harén de hembras por pura fuerza física y tamaño.

No es necesario que los espermatozoides "luchen" en el tracto reproductor por los derechos a fecundar el óvulo. La lucha termina mucho antes de que cualquier otro macho pueda acercarse a los tractos reproductores de las hembras de su harén. Los testículos más grandes son consecuencia de la competición espermática en los tractos reproductores y es más frecuente en los primates no monógamos.

Vocalización copulatoria femenina

De los cientos de especies de primates (incluidos los humanos), la vocalización copulatoria femenina (también conocida como gemidos fuertes durante el sexo) existe universalmente sólo en los primates no monógamos. En los primates monógamos, como los gibones por ejemplo, no hay gemidos de las hembras durante el sexo.

Recuérdalo la próxima vez que mantengas relaciones sexuales, porque millones de años de evolución la hacen gemir como llamada a otros machos para que se apareen con ella. Esto reduce las posibilidades de infanticidio, ya que es imposible que los machos sepan quién es el padre. También garantiza que la hembra obtenga el esperma de mayor calidad para competir por su único óvulo disponible en su aparato reproductor.

Sexo que no conduce al embarazo

Por término medio, los primates promiscuos no monógamos tienen relaciones sexuales 750 veces, o más, por cada embarazo. En los humanos, son aproximadamente 1.000 veces por cada embarazo. El sexo con fines de placer y socialización es muy poco habitual en el mundo animal. Sin embargo, es bastante común en los primates no monógamos. La mayoría de los animales tienen relaciones sexuales, por término medio, entre 10 y 15 veces por cada embarazo que se produce.

Los humanos raramente tienen relaciones sexuales sólo para reproducirse. Si tenemos en cuenta todas las formas en que los humanos tienen relaciones sexuales que no pueden conducir a un embarazo (por ejemplo, oral y anal), más del 99% de las relaciones sexuales que tienen los humanos nunca conducen a un embarazo. Para los primates promiscuos no monógamos, el sexo tiene que ver con la interacción social, el placer, la validación, la conexión o las transacciones.

Cornudez

La cornudez, o "cuck", es un término que se utiliza a menudo en Internet para menospreciar. Es cuando un hombre cría al hijo de otro hombre (su inversión genética). Ten en cuenta que el 43% de los niños norteamericanos son criados por una madre soltera. Por tanto, es necesario afirmar que la mayoría de estos niños son el resultado de una mujer que se hace cargo de la semilla alfa para obtener el mejor material genético.

Después, ella pivota su estrategia sexual, por elección o

involuntariamente, hacia la necesidad beta. Por tanto, encuentra un varón dispuesto a adoptar a su descendencia, a sabiendas o sin saberlo.

Hoy en día hay millones de estas mujeres en los sitios de citas, buscando machos beta que asuman la responsabilidad de criar al hijo de otro hombre. De hecho, algunas son lo bastante descaradas como para ir a buscar a su cornudo, estando embarazadas de la semilla de otro hombre.

Hoy en día existe otra forma menos obvia de cornudez, y se trata de hombres beta que experimentan, sin saberlo, un fraude de paternidad por criar a hijos que creía suyos. Sin embargo, los niños son en realidad la semilla del macho alfa.

El matrimonio no protege del fraude de paternidad. Es imposible determinar las estadísticas reales porque el fraude, por definición, requiere engaño, algo en lo que las mujeres están muy evolucionadas. Sin embargo, se calcula que entre el 10 y el 30% de los niños que nacen no son biológicamente hijos del hombre que actúa como "padre" de ese niño.

El orden social primario femenino está tan empeñado en enterrar el fraude de paternidad por parte de las mujeres, que los grupos feministas lo han llamado "la demonización de la mujer". De hecho, en algunos países las pruebas de paternidad han sido prohibidas por imperativo femenino.

La proclividad de los hombres a la "Oneitis"

De los cientos de hombres a los que he entrenado, una de las razones más comunes para reservar una llamada era hacer frente a una afección conocida como "Oneitis". Definimos vagamente la Oneitis como el enamoramiento de un chico por una chica, hasta el punto de una obsesión enfermiza por ella.

A menudo se caracteriza porque el chico hace una afirmación como: "Ella es la única para mí".

Un defecto del sistema de creencias masculino es que sólo hay una mujer perfecta para nosotros. Las mujeres argumentarán que también sienten oneitis. Pero nunca se acerca ni de lejos al grado debilitante de "Oneitis" que he visto sufrir a los hombres.

Es una mentalidad de escasez y es algo que he experimentado personalmente en el pasado. He suspirado por al menos dos mujeres que creía que eran "la elegida". Los hombres que sufren "Oneitis" no pueden dormir bien ni concentrarse en las tareas. Pierden peso por falta de apetito y se distraen de perseguir la excelencia. El enfurruñamiento que padecen puede durar semanas, meses o, en algunos casos, más de un año.

Yo mismo lo he hecho y puedo decir sinceramente que es una de las cosas más patéticas que he hecho y que veo hacer a los hombres.

Hay muchas teorías flotando por ahí sobre por qué los hombres lo sufren tanto. Pero, como hay más de cuatro mil millones de mujeres en la Tierra, es increíblemente arrogante pensar que sólo hay una mujer perfecta para ti.

Pero eso no se lo puedes decir al tipo que está hecho un ovillo llorando hasta quedarse dormido, porque le ha dejado su "Oneitis", y que tiene que dejarlo pasar y seguir adelante. De verdad que no puedes concebir un mundo sin ella.

Entonces, ¿cómo puede un hombre reducir su tendencia a la "Oneitis"? Creando abundancia y opciones en su vida. En pocas palabras, hace girar platos y se convierte en su propio punto de origen mental.

Entra en la teoría del plato

Todos hemos visto el número circense del hombre que hace girar varios platos sobre varios palos. Si no, funciona así: El artista circense hace girar al azar cada plato. Luego presta atención a cada plato cuando lo necesita, lo que les permite girar simultáneamente, pero de forma independiente.

Un "plato" es cualquier mujer con la que estés saliendo de forma no monógama mientras también te ves con otras mujeres.

Cuando haces girar platos, no estás obligado a intimar con más de una mujer, pero si te apetece, puedes hacerlo. Esta estrategia de citas es especialmente ideal porque:

- Crea mucho contraste en la naturaleza femenina, y ayuda a los hombres que buscan una relación a largo plazo, o una madre para sus hijos, a evaluar a la mejor candidata posible. Las banderas rojas se vuelven claras cuando tienes opciones.
- Crea una mentalidad de abundancia y reduce enormemente las posibilidades de que se produzca la "Oneitis".
- Ayuda a los hombres a optimizar su estrategia sexual de acceso ilimitado a un número ilimitado de mujeres.
- Sigues siendo tu propio punto de origen mental.
- Puedes eliminar rápidamente a las mujeres con menor interés en ti, porque no tolerarán ser una opción para un hombre que sale con otras mujeres.
- Ayuda a consolidar rápidamente a las mujeres con un gran interés en ti, porque tolerarán que haya otras mujeres en tu vida.

Muchos hombres piensan que las mujeres no tolerarán que las trates como a un plato. Sin embargo, sabemos, observando lo que hacen las mujeres, que muchas de ellas son -verdaderamente- más felices compartiendo a un alfa de alto valor que cargando con un perdedor beta fiel.

Los hombres que ya tienen una relación monógama, o un matrimonio, no pueden girar platos. Pero para los hombres, sobre todo menores de 30 años, esto es ideal para ayudarles a comprender más rápidamente el mercado sexual, y lo que impulsa la excitación y el deseo entre los sexos.

Los hombres post-divorcio, recientemente solteros o no, también deberían considerar esta estrategia de citas. Porque cualquier compromiso inmediato con una mujer después de haber pasado por la máquina del divorcio suele acabar en un choque de trenes.

He visto a muchos hombres que no se dan el tiempo suficiente para comprender la naturaleza femenina, y se precipitan directamente a otra relación de pareja o matrimonio sin actualizar su sistema de creencias. Estos hombres suelen contraer varios matrimonios y luego se preguntan por qué las mujeres siguen llevándoles a la tintorería.

Tomarse un tiempo para tener citas casuales y girar platos le ayudará a recalibrar su conciencia sobre el mercado sexual.

Un hombre nunca debe declarar abiertamente que gira platos. Más bien debería, mediante sus acciones, transmitir de forma encubierta que es un hombre de estatus. Que tiene opciones por las elecciones que hace y la disponibilidad de su agenda.

Por ejemplo, si normalmente ves a una placa los miércoles por la noche, y ella quiere añadir un viernes por la noche (pero tú tienes planes con otra cita), entonces simplemente responde con un "tengo planes, pero te veré el próximo miércoles". No hace falta que le expliques qué vas a hacer, por qué ni con quién.

De hecho, lo que esto hará es inducir ansiedad de competición en su cabeza. Lo cual, si le gustas, aumentará su deseo por ti, ya que te verá como un hombre de mayor valor que tiene su tiempo demandado por otros.

Uno de los mayores afrodisíacos para las mujeres, sobre todo para las que sienten deseo por ti, es lo desconocido, y dejar que se entretenga racionalizando tu paradero suele aumentar el deseo en las mujeres.

Una vez más, las mujeres prefieren compartir a un alfa de gran valor que cargar con un perdedor fiel. Tú, un hombre desconectado que se esfuerza continuamente por nivelar su vida, eres el premio, así que actúa como tal.

Haz girar esos platos

Lo ideal sería que un hombre de hasta veintitantos años nunca limitara sus opciones a una sola mujer, ni se metiera en una relación a largo plazo. La mayoría de los hombres no tienen ni idea de lo que son las mujeres, ni comprenden su naturaleza, y son incapaces de mantenerse centrados en construir su propósito en la vida. Demasiados hombres veinteañeros se apresuran a abandonar su propósito en la vida. En su lugar, quieren cumplir esa narrativa de tener una novia, o peor aún, una esposa, para definirse. Las mujeres nunca deben definirte.

Si permites que una mujer entre en tu marco y forme parte de tu vida, sólo debes permitirlo si complementa tu vida. No debe ser el centro de la misma.

Me he dado cuenta, durante el entrenamiento, de que hay muchos hombres que se han mudado al otro lado del país a los veinte años, han cambiado de carrera y han dejado embarazada a su novia. Todo porque pensaron que era una buena idea. Sólo para divorciarse a los treinta y cinco, verse obligados a pasar por la trituradora de carne del derecho de familia, y acabar sin acceso a sus hijos. Es en este punto donde reservan una llamada de coaching conmigo para que les guíe hasta el otro extremo con el menor daño posible.

Así que ve más despacio y deja de actuar como si las mujeres fueran un recurso escaso (porque no lo son).

Los hombres de alto valor que son competentes, ingeniosos y saben cómo ganar dinero de verdad son un recurso escaso. Las mujeres guapas no lo son.

El ROI de perseguir la excelencia es mucho mayor que el de perseguir mujeres, más aún cuando no sabes nada de la naturaleza femenina.

Girar platos te llevará a algunos Amigos con Beneficios (o FWB, por sus siglas en inglés). Un acuerdo FWB se define vagamente como una amistad no monógama con intimidad sexual, pero sin citas, quedarse a dormir o presentación a familiares o amigos.

Lo ideal es que un acuerdo FWB dure un periodo de tiempo prolongado, y puedes tener más de un FWB. Sin embargo, rara vez duran mucho y, si lo hacen, pueden entrar y salir de tu vida como las estaciones. Por tanto, no te sorprendas si una antigua aventura se pone en contacto contigo en el futuro.

Hay mujeres que clasificarás automáticamente como FWB cuando identifiques las banderas rojas de ese capítulo de este libro. NO permitas que una mujer con banderas rojas sea más que una FWB, te corresponde a ti evaluar y filtrar a las mujeres que muestren banderas rojas.

No des prioridad a una FWB en tu agenda: sólo es una opción cuando tu tiempo te lo permite.

Una relación monógama a largo plazo (LTR)

Sólo deberías plantearte una relación monógama convencional con una mujer cuando hayas hecho girar suficientes platos y la crema haya subido a lo más alto. Además, no debe mostrar ninguna de las señales de advertencia que describo en el capítulo "21 Banderas Rojas". O, si lo hace, es que está trabajando activamente para arreglar ella misma ese aspecto de su vida.

A las mujeres no les gusta admitirlo, pero son hilanderas naturales de platos debido a su naturaleza hipergámica.

Siempre se preguntan: "¿Esto es lo mejor que puedo hacer?".

Si estás saliendo con una mujer, da por sentado que se está viendo con otros hombres, hasta que ella inicie la charla "¿En qué quedamos?" y quiera abrir el diálogo sobre un compromiso más profundo. Son las mujeres, y no los hombres, quienes deben iniciar la "charla" sobre una relación a largo plazo.

Nunca, jamás, inicies una charla del tipo "¿En qué quedamos? Es débil y señala escasez en tu vida. Deja que sea ella quien saque el tema. Recuerda que las mujeres son las guardianas del sexo, mientras que los hombres son los guardianes de las relaciones. Lo que significa que, mientras una mujer decide cuándo quieres intimar con ella, tú decides si quieres ir más en serio con ella (y si es o no en exclusiva).

Sólo deberías plantearte una relación a largo plazo tras unos seis meses de darle vueltas al plato. Si ella te exige o pone un ultimátum para una relación a largo plazo tras sólo un mes de citas, sigue adelante y déjala marchar.

Una vez más, los hombres son los guardianes de las relaciones, y las mujeres son las guardianas del sexo. Tú, como hombre, decides cuándo una mujer recibe tu atención sexual y no sexual exclusiva. Nadie más.

Si haces esto y te metes en una relación de pareja monógama, acabas abandonando tu estrategia sexual masculina de acceso ilimitado a un número ilimitado de mujeres. Si eso no es para ti, y quieres la opción abierta en tu extremo para variar, entonces "la charla" es el momento de dejar clara la afirmación.

Evita las relaciones abiertas en ambos extremos, estas relaciones abiertas de la nueva era rara vez funcionan, las mujeres realmente no quieren a otros hombres cuando te ven como su mejor opción hipergámica. Otros hombres se vuelven casi invisibles para ella cuando tiene un auténtico deseo ardiente, y lo último que quieres como hombre es envenenar el pozo (especialmente con una mujer que está totalmente en tu marco).

También debes tener en cuenta que si decides abandonar tu estrategia sexual, entonces ella también deberá abandonar su estrategia sexual de hipergamia abierta.

Eso significa Nada de amigos varones, nada de buscar atención en las redes sociales con fotos y publicaciones provocativas, y nada de viajes nocturnos de chicas a lugares donde pueda proclamar a sus amigas "Lo que pasa en Las Vegas se queda en Las Vegas". Estos son límites firmes que debes estar dispuesto a mantener para proteger la santidad de la relación.

Si te llama "controlador" o "inseguro", recuérdale que ella acudió a ti, te eligió a ti, y que ésta es una condición de la relación. Sencillamente, no puedo cuidar, amar ni proteger a una mujer que hace cosas, intencionadamente o no, que podrían comprometer nuestro compromiso mutuo.

Algunas otras condiciones que deben existir para que una RL funcione bien para ti:

- Deberías estar uno o dos puntos por encima de ella en la escala SMV, para que ella sienta que está optimizando su hipergamia. Recuerda que una mujer sólo puede estar contenta si siente que su hombre tiene un valor superior al suyo.
- Tu marco debe ser el marco dominante de la relación, lo que significa que ella es un complemento de tu vida, no el centro. Una mujer que esté plenamente en tu marco te diferirá en las decisiones importantes.
- Debe comprender, a través de tus acciones y palabras encubiertas, que todo el mundo es reemplazable, incluida ella.
- No hay "uno". Tú, por tu parte, debes comprender que ella nunca te pertenece, que sólo es tu turno. Ella puede estar en tu vida un año, o puede estar contigo

hasta que "la muerte os separe". Pero toda relación termina en algún momento.

- En una escala del uno al 10, siendo 10 el nivel más alto de interés, su nivel de interés por ti debe ser un nueve evidente (pero preferiblemente un 10). Las mujeres con un nivel de interés inferior a ese supondrán una cantidad de trabajo excepcional, y las posibilidades de que su amor deambule serán mayores.
- Debes haber hecho un trabajo de reconocimiento de su familia y amigos y decidir si son personas con las que te gusta estar. Esto se debe a que ella siempre, independientemente de sus sentimientos hacia ti, los elegirá por encima de la relación. Así que asegúrate de que su familia y sus amigos son buena gente y de que te gusta estar con ellos. Y lo que es más importante, si estás pensando en casarte y tener hijos, fíjate en su madre. Acabará pareciéndose y comportándose como ella.
- Además, abstente de convivir con una LTR, ya que hacerlo provoca que su ansiedad competitiva se relaje, lo que te dificultará gestionar el marco de la relación. La única excepción es que tengáis intención de tener hijos y necesites investigarla como madre viviendo juntos primero.

Una relación duradera con una mujer supone mucho más trabajo para un hombre a la hora de gestionar el marco de la relación. Sin embargo, una mujer excelente puede añadir un valor sustancial a tu vida.

En el momento de actualizar este libro, sigo en la misma relación a largo plazo sin cohabitación. Mi mujer es bastante más joven que yo. Es ordenada, no es materialista, le encanta cocinar comidas sanas, es positiva en general, muy sexual, amante de la diversión y tiene una gran relación con su padre y mi hijo. Si no aportara ningún valor a mi vida, no me habría molestado en iniciar una relación de pareja con ella.

Una vez más. Una mujer debe ser siempre un complemento de tu vida y no el centro. Si quieres una relación excelente con una mujer (o mujeres), esto debería ser innegociable para todo hombre.

Si ignoras mi consejo y permites que las banderas rojas (de las que hablo en este libro) entren en tu vida, o incluso vives con tu pareja, te expondrás (y expondrás tu patrimonio) a los riesgos del derecho de familia, y esas banderas rojas harán que tu relación sea miserable.

En la mayoría de los países occidentales, el estado considera que estás en una unión de hecho después de uno o dos años. Y, aunque no estéis legalmente casados, ella puede seguir teniendo derecho a la mitad de tus bienes. Por tanto, es esencial que consultes con un abogado de familia de tu estado o provincia antes de vivir con cualquier mujer. Si tienes más bienes que ella, mira a ver si puedes protegerlos con un acuerdo de convivencia.

La prueba del tatuaje

Si realmente quieres poner a prueba mis teorías sobre el "mito del alma gemela" al que se adhieren los hombres, y lo dispuesta que está ella a entrar en tu marco en una relación de pareja estable, entonces la prueba del tatuaje es brillante. Realmente la obliga a demostrar, a través de sus acciones, que se toma en serio una relación a largo plazo contigo.

Si empieza "la charla", suele incluir alguna versión de las frases hechas: "Te querré para siempre jamás" o "Estamos hechos el uno para el otro".

Dile cariñosamente: "Bien, demuéstralo. Tatúate mi nombre en el cuerpo".

No hace falta que sea visible, ni enorme. La mayoría de las veces, ella se hará el tatuaje discretamente, de modo que quede oculto en la línea del bikini o del sujetador. No la obligues ni la lleves a un estudio de tatuajes. En lugar de eso, déjale caer la indirecta, pero con seriedad, y luego mira a ver qué hace.

Esto tampoco es cosa de dos. Tú no te vas a tatuar su nombre. Es ella la que está pidiendo tu atención, amor y recursos exclusivos. Una mujer que está en tu entorno, que te ve como un alfa de gran valor y que siente un deseo genuino y ardiente por ti, no debería protestar y le encantaría tener tu nombre en su cuerpo.

Una mujer que no te vea como su mejor opción, y su hombre "para siempre", se inventará excusas.

Sean las que sean, invente las excusas que invente, te está diciendo que no cree realmente que seas su mejor opción. No satisfaces sus necesidades hipergámicas, y no os ve juntos para siempre.

Recuerda, siempre que haya un conflicto entre sus acciones y sus palabras, cree siempre, siempre, lo que ella hace. Como dice el viejo refrán: "Los actos dicen más que las palabras".

Relación abierta

La relación de pareja puede ser abierta o cerrada. Puedes ser exclusivo con tu relación de pareja, o mantener una relación abierta en la que sigas viendo a una o dos mujeres periódicamente. Pero ella debe entender que estás haciendo esto.

Hacer girar los platos de forma encubierta en una relación de pareja siempre te pasará factura en algún momento. Acabarás lidiando con un montón de drama innecesario en tu vida.

No hay nada malo en una relación de pareja abierta, aparte del condicionamiento social que te dice que seas monógamo.

Ella también puede tener una relación de pareja abierta contigo, pero ahora te estás inclinando hacia el Poliamor (Poly), y hacia un marco de relación más beta.

Los machos alfa de mayor valor tendrán una relación de pareja abierta, pero ella no puede hacer lo mismo. Los hombres más feminizados se quedarán boquiabiertos ante esta afirmación y protestarán. Pero, a lo largo de la historia, los hombres alfa realmente valiosos tenían un harén de mujeres que eran sexualmente exclusivas con él.

Poliamor

El "estilo de vida poli" está siendo impulsado por los medios de comunicación, e incluso a algunos académicos parece que les gusta impulsar la narrativa, ya que ellos están en un matrimonio poli. Si no estás familiarizado con el "estilo de vida poli", dejas que tu mujer o novia se acueste con quien quiera, mientras tú también haces lo que quieres. Básicamente es una relación de pareja abierta para ambos.

Esta estrategia de citas se está convirtiendo en la norma para muchos machos beta, porque prefieren compartir una mujer a no tener ninguna.

A primera vista, puede parecer atractivo. Sin embargo, los hombres y las mujeres no son iguales. La mayoría de las veces, son dos machos beta peleándose por una chica. Todo mientras ella sale los fines de semana a acostarse con los alfas para divertirse (dejando a los hombres poli criar a su(s) hijo(s))).

Los hombres de éxito e influyentes a lo largo de la historia han dirigido generalmente un harén de mujeres. Ishmail "el sanguinario", un sultán marroquí de la década de 1600, tenía nueve esposas, cientos de concubinas y se desconoce el número total de hijos, pero se especula que al menos 1.000. También contrataba a hombres a los que convertía en eunucos para que vigilaran a las hembras de su harén.

Gengis Khan fue otra figura histórica que esparció su semilla por todas partes, y el 0,5% de la población masculina actual es portadora de su cromosoma Y.

Esta historia de hombres exitosos, fuertes, influyentes y ricos es común a lo largo de nuestra historia, y sin embargo no encuentro ningún registro de mujeres que dirigieran un harén. Para reflexionar.

En conclusión

Vivimos en una época extraña en la que la sociedad occidental tiende generalmente a imponer la monogamia y desaprueba la promiscuidad. Sin embargo, el comportamiento humano es excepcionalmente promiscuo, y cuando llegamos a elegir a la madre para nuestros hijos, rara vez es con una virgen. La mayoría de las mujeres de hoy se han acostado con docenas de hombres antes de sentar la cabeza.

Evolutivamente hablando, parece que estamos adaptados tanto al apareamiento monógamo como al poligínico. Cuando observas cómo hemos evolucionado y cómo funcionamos hoy en día, hay muchas idas y venidas.

Unos testículos grandes indicarían una estrategia de apareamiento múltiple (como los chimpancés y los bonobos) y probablemente cómo hemos vivido durante millones de años como cazadores-recolectores nómadas. Sin embargo, nuestros testículos son ligeramente más pequeños que los de nuestros primos primates actuales, en porcentaje de la masa corporal y, desde la llegada de la agricultura hace 10.000 años, parecen reducirse a medida que nos alejamos de ese estilo de vida...

Pero seguimos teniendo testículos mucho más grandes que los gorilas, así que no somos exactamente una especie completamente promiscua. Luego, cuando te fijas en la cópula femenina durante el sexo, en las evidentes diferencias de tamaño entre machos y hembras humanos, y en cómo las mujeres cornearán a los hombres para que críen la semilla de otro hombre, las cosas se complican terriblemente cuando estos hechos apuntan hacia la no monogamia.

La verdadera monogamia no parece existir en el apareamiento humano, como sí ocurre en el reino animal porque, de lo contrario, nos quedaríamos con nuestra primera pareja íntima para siempre.

En lo que se refiere a los tipos de relaciones que puedes tener con las mujeres, te animo encarecidamente a que te conviertas siempre en tu propio punto de origen mental. Esto significa que hagas lo que es correcto: para TI. Los hombres siempre deben establecer el marco de la relación al principio, porque es la salida que las mujeres controlan con más frecuencia.

Si la monogamia es tu camino, asegúrate de que la has elegido tú, y no te la ha impuesto tu mujer o la sociedad. La monogamia natural puede funcionar, pero sólo si es orgánica, y ambos deseáis realmente ser sexualmente exclusivos. Recomiendo encarecidamente a todos los hombres que utilicen la prueba del tatuaje si van a iniciar una relación de pareja. Esta prueba te asegurará que sus acciones coinciden realmente con sus palabras.

Chris Ryan dijo una vez:

 "La monogamia es como hacerse vegano. Puedes elegir una dieta basada en plantas, pero eso no significa que el beicon deje de oler bien".

La cruda verdad

No lo olvides nunca:

- Las mujeres pueden ser las guardianas de con quién tienen sexo, pero tú eres el guardián de con quién tienes una relación. Y, como hombre cada vez más valioso, ésa es la moneda de cambio más fuerte y valiosa de las dos.
- Cuando una mujer sienta verdadero deseo por ti y aprecie tu valor, no tendrá problemas en compartirte con otras mujeres, ya que satisfaces su naturaleza hipergámica.
- Haz un seguimiento del ciclo menstrual de las posibles relaciones a largo plazo.
- Observa lo diferente que se comportan cuando están ovulando y cuando están menstruando.
- Lo he dicho antes, y lo repetiré, cree siempre en las acciones de una mujer más que en sus palabras. Sus acciones te dirán cuál es su verdadera prioridad, al tiempo que te dirán la verdad sobre cómo se siente realmente.
- Como señala mi buen amigo el Dr. Shawn T. Smith en su libro "The Tactical Guide to Women" (La guía táctica de las mujeres), dedica todo el tiempo posible a investigar y establecer límites saludables con una mujer antes de comprometerte. Es a partir del mes 18 cuando sale a relucir la verdadera personalidad de una mujer.

Informe de campo de Steve el de Contabilidad

Definitivamente, me ha resultado más difícil encontrar mujeres que no tengan, más que probablemente, un cuerpo de dos cifras en la actualidad. Sin embargo, también he encontrado una forma (que a mí me funciona) de decirle sin remordimientos a una mujer que no seré exclusivo con ella.

Lo hago prácticamente desde el principio, ya que mi disponibilidad de tiempo es limitada y tampoco veo ningún valor en decirle a una mujer lo que quiere oír sólo para llevármela a la cama. También me permite definir el marco en el que vivo mi vida, y ella capta rápidamente el subtexto de que no me ando con tonterías y no tengo miedo de ser honesto y sincero con ella (lo cual, lo creas o no, en realidad genera más confianza en ella).

Si una mujer siente un verdadero deseo ardiente por ti (y las mujeres NPD/BPD pueden fingirlo durante un breve periodo de tiempo), hay muchas probabilidades de que acepte que no va a ser la única con la que te acuestes (siempre hago hincapié en el hecho de que voy a ser "discreto y muy seguro", lo que sin duda ha ayudado a eliminar cualquier miedo potencial que pudieran tener).

El adagio de RP "Ella prefiere compartir a un hombre de alto valor que cargar con un perdedor fiel" es en realidad muy exacto (lo que me sorprendió muchísimo las primeras veces que conseguí que las mujeres entendieran el hecho de que no sería exclusivo con ellas).

Sin embargo, para ello hay que tener absolutamente cero miedo a que ella diga que no y se vaya (lo cual siempre es una posibilidad clara, y algunas mujeres con las que salí brevemente no lo aceptaron, lo cual estaba bien). Si tienes una mentalidad de escasez, esto no funcionará. Tienes que estar realmente dispuesto a dejar que se vayan (aunque deseándoles lo mejor en sus vidas).

Te darás cuenta de que, si estás haciendo el trabajo y estás superando claramente a los demás hombres del mercado local de citas, te resultará mucho más fácil ser sincero sobre cómo estás viviendo tu increíble vida de una forma que no sea una gilipollez.

10
POR QUÉ IMPORTA EL AUTÉNTICO DESEO ARDIENTE

Uno de los conceptos más sencillos que debe entender un hombre es el "deseo genuino". Qué es, por qué importa y cómo medirlo. Cuando lo entiendes bien, es un superpoder. Pero, cuando lo entiendes mal, te lleva a tomar decisiones terribles, que dan malos resultados con las mujeres.

Un hombre perseguirá a una mujer que le es indiferente y se casará con ella de repente. Sólo para descubrir, después de dos hijos y siete años de invertir su sangre, sudor y lágrimas en la relación, que ella le deja por otro hombre. Un hombre por el que siente más deseo, al tiempo que le hace pasar por el calvario del divorcio.

En 2018 grabé un vídeo en mi coche mientras me dirigía a casa desde la oficina, hablando de por qué el deseo ardiente genuino importa con las mujeres. Para encontrar este vídeo, busca "deseo ardiente genuino" en mi canal.

He creado un sistema sencillo para que te resulte más fácil determinar su interés por ti.

Cómo determinar su interés

Llevo más de 10 años utilizando en mi negocio un sistema de medición llamado "Net Promoter Score" (o NPS). Es un sistema que utiliza una escala de medición de 1 a 10. El sistema destaca tres niveles distintos de interés que un cliente potencial tiene en tu negocio.

Encuestas a tus clientes con la pregunta "En una escala del 1 al 10, ¿qué probabilidad hay de que recomiendes nuestros servicios a un amigo o colega?". Cuando introduces una fórmula después de realizar las encuestas a tus clientes, te dice cuánto interés tienen tus clientes en tu empresa.

Los niveles de interés son:

- Una puntuación de 9 a 10: Estos clientes son tus "Promotores" y les encanta lo que haces.
- Una puntuación de 7 a 8: Estos clientes son indiferentes. No tienen nada bueno, ni malo, que decir de ti.
- Y por último, una puntuación de 1 a 6: Estos clientes son tus "Detractores" y no les gustas.

Quizá te preguntes por qué estoy aplicando una herramienta de medición empresarial a la vida de un hombre.

Es porque las respuestas a la mayoría de las luchas que tenemos ya existen en otra parte. Simplemente tenemos que identificarlas y luego aplicar lo que funciona.

Sin embargo, no nos interesa el NPS de ti como hombre. Eso requeriría hacer un muestreo de todas las mujeres con las que has salido o sales actualmente, para averiguar cuál sería tu NPS. Es poco práctico encuestar a tantas mujeres con una pregunta así y esperar una respuesta sincera. Pero entender cómo se mide el deseo es importante y debes saber por qué importa el deseo ardiente genuino.

Déjame que te explique cómo funciona el deseo:

Una puntuación de 9 - 10 muestra un auténtico deseo ardiente

Cuando una mujer te desee de verdad, lo sabrás. Aparecerá puntualmente y te llamará o enviará mensajes de texto sin que tú hagas el primer intento. También responderá rápidamente, entrará de buen grado en tu marco y complementará tu vida (sin querer ser el centro de ella).

También te hará preguntas para conocerte mejor. También puede comprarte regalos al azar, prepararte comidas y seguirte de cerca en las redes sociales. Incluso te enviará mensajes por primera vez en una aplicación de citas, respondiendo siempre con rapidez. Se presentará a las citas maquillada y con ropa bonita, te follará con entusiasmo, te la chupará y se tragará el engrudo.

También iniciará a menudo el sexo contigo, sin ser provocada. Cuando una mujer te desee de verdad, será tan obvio como recibir un golpe de sartén en la frente.

Una Puntuación de 7 - 8 muestra Indiferencia

Cuando una mujer es indiferente, con frecuencia reprograma/cancela citas, pide más de lo que da, se vuelve malhumorada y, a veces, conflictiva. Te pondrá a prueba a menudo, tardará más en responder a tus mensajes/llamadas, no se esforzará mucho en su aspecto cuando la veas y rara vez te hará preguntas para conocerte.

Si le mandas un mensaje en una aplicación de citas, tardará en responder. Su interés en el dormitorio tampoco será muy alto. Será mucho menos probable que quiera chuparte la polla y rara vez iniciará el sexo contigo. Cuando una mujer te sea indiferente, será obvio.

Una Puntuación de 1 a 6 muestra que son Detractoras

Cuando las mujeres son detractoras, no responderán a tus llamadas o mensajes de texto, y no tendrán citas contigo. No te seguirán en las redes sociales, y si les envías mensajes en aplicaciones de citas, no responderán. Cuando una mujer es una detractora, será obvio.

Todo hombre, cuando trata con una mujer a nivel romántico, debe medir siempre su interés por él observando su comportamiento. Debe responder en consecuencia, dedicando su valioso tiempo, energía y recursos únicamente a la mujer que le muestre un deseo fuerte, auténtico y ardiente.

Sé atractivo, no poco atractivo

Los hombres son solucionadores naturales de problemas. Así que tu siguiente pregunta lógica es: "¿Cómo puedo crear en ella un deseo tan entusiasta, de modo que dé señales claras de interés por mí?".

La respuesta es que no puedes fabricarlo. Debe ser natural. Debes ser un hombre deseable. Debes ser un hombre que desprenda confianza, competencia y fuerza.

Es poco probable que una mujer que sólo tenga un nivel de interés detractor por ti se convierta en promotora entusiasta y quiera follar contigo.

No es que no pueda ocurrir. A lo largo de los años, muchas mujeres de mi pasado han mostrado un interés pasivo por mí, pero luego han expresado un deseo mucho mayor cuando mi "Valor de Mercado Sexual" (VMS) ha mejorado mucho. Esto suele ocurrir cuando ella considera que su VSM ha bajado a medida que "El Muro" hace su trabajo. Todo ello mientras observa cómo sube su VSM a medida que se acerca a su propio pico de VSM más adelante en la vida.

Para una definición de lo que es "El Muro", consulta el Glosario al final del libro.

Sin embargo, al final del día, debes preguntarte por qué querrías involucrarte con una mujer que dio lo mejor de sí a otra persona, convirtiéndote en su segunda opción.

El auténtico deseo ardiente que recibes de una mujer debe ser orgánico. No puedes fabricarlo ni negociarlo. Cada vez que negocias el deseo, obtienes a cambio una conformidad obligada, que sólo conduce al resentimiento más adelante.

Sin embargo, puedes trabajar sobre ti mismo. De hecho, es la única parte del universo que puedes controlar. Si estás gordo, arréglalo. Si estás arruinado, arréglalo. Si no entiendes el "juego", apréndelo. Si eres socialmente insignificante, aprende a ser influyente.

Estos aspectos están realmente bajo tu control. Algunos hombres argumentarán que son bajos y que su estatura está fuera de su control. Cierto, pero si no eres alto, entonces haz el trabajo para ser un badass en forma, rico, suave y bajito.

Si no eres un hombre de gran valor que despierta un alto nivel de atención, no puedes esperar que un "10" quiera arrancarte la ropa con entusiasmo y saltar sobre tus huesos.

Tu mayor "retorno de la inversión" (o ROI) en la vida será siempre el de ser un hombre con visión, propósito y que siempre persigue la excelencia.

Cómo medir tu VMS

Hazte la siguiente pregunta "En una escala del 1 al 10, siendo 10 la mejor versión absoluta de mí mismo, y siendo 1 la peor, ¿dónde me situaría ahora mismo?".

Es importante tener en cuenta que no te estás comparando con nadie, sólo se trata de ti.

Un 10 perfecto significaría que ya has alcanzado un nivel de riqueza, autocuidado, éxito, ingresos, deseabilidad, reconocimiento social y comunidad que no podrías mejorar mucho. Vives donde quieres, conduces coches que te encantan, te vas de vacaciones cuando y donde quieres. Tienes un aspecto masculino y fuerte, las mujeres buscan constantemente tu atención y nunca te preocupas por el dinero.

Si te puntúas con un seis o menos, te sugeriría que limitaras tus citas, o quizá que dejaras de tener citas por completo, y que te arreglaras antes de ir detrás de las mujeres.

Tu ROI sobre el tiempo invertido con las mujeres será bajo y probablemente te frustrarás con tus resultados.

Debido a la hipergamia, las mujeres siempre buscan hombres que estén unos puntos por encima de ellas en la escala SMV. Así que, como hombre, tienes la carga del rendimiento para hacer el trabajo sobre ti mismo.

Recuerda: "Los hombres se hacen; las mujeres nacen". Tienes que hacer el trabajo sobre ti mismo si quieres tener éxito con las mujeres. No olvides nunca que las mujeres siempre han visto a los hombres como objetos de éxito, mientras que los hombres siempre han visto a las mujeres como objetos sexuales.

Sexo validativo frente a sexo transaccional

Las mujeres con un alto nivel de deseo por ti tendrán sexo contigo por validación. Lo ansían y les entusiasma. Cuando las mujeres tienen sexo validativo, el riesgo de que ella denuncie un #MeToo o una falsa denuncia de violación, después del hecho, es casi nulo.

He visto a mujeres que ansían ese sexo validativo por mi parte conducir 45 minutos, en mitad de la noche, durante una semana de trabajo, y tirarse una toalla oscura para follarme con entusiasmo en su periodo.

Cuando una mujer se folla a un hombre por validación, su vagina está empapada, tu cama estará mojada, hará cualquier cosa por complacerte, incluso tragarse tu semen, o hacer primero el anal y luego tragarse tu semen. Prácticamente no hay límites a lo que una mujer hará con un hombre por el que sienta un deseo entusiasta y genuino.

Las mujeres indiferentes tendrán sexo transaccional contigo, o intentarán utilizarlo como herramienta de negociación. Son las mujeres que tienen sexo transaccional las que tienen más probabilidades de alegar un #MeToo, o una falsa acusación de violación contra ti. Sólo porque se arrepintieron de su elección más adelante.

Cuando una mujer tiene sexo transaccional contigo, su vagina no está empapada. No hará mucho en la cama y a menudo vendrá con algunos requisitos a cambio de la intimidad que te está "dando". Hay una tendencia creciente entre los hombres beta que se resignan a hacer "choreplay".

"Choreplay" se define como un hombre que hace las tareas domésticas que normalmente haría la mujer, a cambio de sexo.

En pocas palabras, no puedes negociar el deseo genuino con una mujer. En cuanto inicias el camino del sexo transaccional, el reloj empieza la cuenta atrás hacia el final de la relación.

Si una mujer no quiere hacer algo sexual, entonces, en tu cabeza, añade "contigo" al final de su declaración cuando lo rechace. Por ejemplo, cuando diga: "No haré sexo anal", añade "contigo" al final. No te equivoques, ella lo hará con entusiasmo para validarlo con un hombre por el que sienta un deseo genuino y ardiente.

En conclusión

Es absolutamente vital que sólo inviertas tu limitado tiempo en mujeres cuyas acciones te demuestren, más allá de toda duda, que no tiene nada más que un deseo genuino y ardiente por ti. Sin embargo, nunca olvides que la "Carga del Rendimiento" siempre descansa firmemente a tus pies. Depende de ti, y de nadie más, convertirte en el hombre de alto nivel que consigue ese nivel de deseo genuino de una mujer de alto valor.

La cruda verdad

No lo olvides nunca:

- Tu ROI más alto en la vida siempre será el de ser un hombre con visión, propósito y que siempre persigue la excelencia.
- El deseo negociado sólo conduce al resentimiento, por ambas partes, en el futuro.
- Ten por seguro que, una vez que hayas experimentado los placeres de una mujer que muestre un deseo y una atracción auténticos hacia ti, te resultará fácil detectar cualquier cosa inferior a partir de ese momento.

Informe de campo de Steve el de Contabilidad

La diferencia entre una relación guiada por la obligación y otra en la que la mujer tiene ese deseo genuino y ardiente por ti es increíblemente clara. Realmente ya no puedes volver a una relación mediocre una vez que por fin encuentras a una mujer cuyas casillas -naturalmente- marcas como si estuvieran pasadas de moda.

Por ejemplo, la mujer con la que llevo más tiempo saliendo casualmente sigue conduciendo hasta mí (45 minutos en cada sentido) dos veces por semana para verme en mi casa. Nunca he ido a su casa. Si no puedo verla (debido a otros compromisos), no recibo ni una pizca de mierda ni ninguna tontería pasivo-agresiva de su parte.

A menudo me compra lencería nueva para que la saque, con mucho gusto recogerá cualquier cosa que le pida de las tiendas de camino a la mía. Me deja hacerle cualquier cosa en el dormitorio sin que tenga que pedírselo. Me lava los platos cuando he cocinado y me hace la cama por la mañana sin pedírselo.

Y el sexo no ha hecho más que mejorar con el paso del tiempo. En serio. (Agradezco encarecidamente tanto el libro Sex God Method 2.0 como los vídeos de YouTube y los cursos online de Stirling Cooper: todos son excepcionalmente eficaces).

Además, le he dicho que también me acostaré con otras mujeres (de forma discreta y muy segura) y no sólo lo ha aceptado, ¡sino que se lo ha contado a sus padres y a sus amigas íntimas! Y nunca ha sido tan feliz.

Dicho esto, me gusta recompensarla invitándola a veces a que me acompañe a algunos viajes que tenía planeados. Ahora ha vivido muchas, muchas "primeras veces" conmigo y nunca ha mostrado más que auténtica gratitud por ello.

Sinceramente, es como si hubiera entrado en una dimensión diferente cuando lo comparo con cómo era mi matrimonio (lo cual no es sorprendente si tenemos en cuenta que fui un hombre-niño poco atractivo durante la mayor parte del mismo). Lamentablemente, hay demasiados aspectos de su vida que no quiero que entren en la mía (manteniéndola fuera del territorio de las relaciones a largo plazo), pero como ella está (más que) contenta de que las cosas sigan como están, ambos podemos disfrutarlas mientras duren (que ambos sabemos que no será para siempre).

Sin embargo, es fundamental saber discernir la diferencia entre el deseo auténtico de una mujer sana y el de una mujer malsana (piensa en los tipos de personalidad del cluster B). Las mujeres mentalmente poco sanas intentarán fingir el deseo para atraerte inicialmente. Una mujer muy cercana a mí lo intentó. Por desgracia para ella, mi ex mujer me enseñó todas las señales reveladoras y la abandoné inmediatamente en cuanto dejó claro que no era de fiar.

También he aprendido que una relación no tiene por qué ser un "trabajo duro". Puede ser absolutamente sin esfuerzo. Sin embargo, eso sí requiere que estés sin complejos en tu propósito, trabajando duro para destrozar la vida y, en última instancia, manteniendo una estructura sólida como una roca en todo momento.

Piénsalo. El tiempo que pasas con una mujer sólo se convierte en "trabajo duro" cuando ella intenta salirse de tu marco (o cuando fallas constantemente sus pruebas de mierda/cumplimiento). Si ella permanece voluntariamente dentro de tu marco, ¿por qué iba a ser un "trabajo duro"? No lo es. No supone ningún esfuerzo porque mantienes tu marco en todo momento.

Sin embargo, no esperes marcar de forma natural las casillas hipergámicas de las mujeres si no pones tu vida en orden. Eso es que eres tan iluso como las feministas de la 3ª Ola, que creen que pueden encerrar a un hombre de "alto valor" sin aportar nada de verdadero valor a largo plazo.

Hoy en día, si percibo que una mujer no muestra verdadero deseo por mí cuando chateo con ella por Internet a través de una aplicación de citas, o cuando charlamos cara a cara, simplemente le deseo lo mejor al final de la cita y lo dejo estar.

Mira, tu tiempo es el recurso más valioso de tu vida. Deja de malgastarlo con mujeres que no te ven como su mejor opción y, mientras tanto, sigue subiendo de nivel en todos los ámbitos de tu vida. Luego, cuando encuentres a una mujer así (y sin duda las hay), observa cómo reacciona positivamente a tu estructura naturalmente dominante. Tampoco te creerás las diferencias.

11
LAS REGLAS DE LAS MUJERES - PARA QUIÉN LAS HACEN Y PARA QUIÉN LAS ROMPEN

Hay mucho debate sobre lo que constituye un macho alfa y cómo parecerse más a él. La mayoría de los hombres tienen un ego muy frágil, invertido en lo que creen y que dicta qué es qué. Así que creo que no tiene sentido entrar en esos temas.

En su lugar, me gustaría remitirme a las mujeres. Que, como ya sabemos, son las seleccionadoras sexuales y, a diferencia de los consejos que dan a los hombres sobre las mujeres, su comportamiento nunca nos mentirá.

En mi vida, he sido tanto el alfa como el beta. Y dependía de la eficacia con la que funcionaba mi sistema de creencias, y también de la lente con la que veía el mundo. Por mi experiencia personal, y la de muchos hombres a los que he entrenado, las mujeres siempre romperán las reglas por un hombre al que crean alfa.

Como la guapa bibliotecaria "niña buena" que te hizo esperar pacientemente tres meses para tener sexo básico en el misionero cuando tenías 20 años. Acabará desnuda en la cama con Chad Thundercock 15 minutos después de conocerlo en Ibiza en la fiesta del cañón de espuma de su 23 cumpleaños. También puedes estar seguro de que hará todo lo que dijo que no haría contigo, con él.

No lo olvides nunca: Las mujeres rompen las reglas para los alfas y ponen reglas para los betas.

Si todos los alfas tuvieran un céntimo por cada vez que una mujer dice: "Normalmente no hago esto", cuando se trata de sexo en la primera cita, sexo sin preservativo, tragar semen o cualquier otro acto del que más tarde podría arrepentirse, esos hombres serían ricos.

Cuando las mujeres dicen: "Yo no hago eso", añádele siempre en tu cabeza: "Contigo". Porque ella lo hará con entusiasmo con un hombre al que considere digno de semejante gimnasia sexual.

Las mujeres siempre romperán las reglas por un alfa. Siempre ha sido y siempre será así. Por el contrario, las mujeres HACEN reglas para los hombres que consideran un simple beta.

Harán que un beta espere ocho citas, probablemente caras, para acostarse con ellas. No le harán un oral a un hombre beta, y desde luego no conducirán hasta un bar para quedar (porque está demasiado lejos para que ella se moleste por un hombre beta). Las mujeres siempre ponen reglas a los betas.

Entra la amazona

Es hora de contarlo. Una vez tuve una primera cita con una treintañera que conocí por Internet. Se presentó con unos 15 kilos más de lo que sugerían sus fotos, y también bastante más alta de lo que yo esperaba. Pero era lo bastante guapa como para tomar una copa con ella, y como yo ya estaba allí, seguí adelante con la cita.

Inconscientemente, las mujeres ponen a prueba a los hombres para ver si son alfa o beta. Así que le di unos tragos a mi cerveza y me contó que, tras algunas malas experiencias con hombres, ahora tiene una regla de "ocho citas" antes de acostarse con ellos.

Casi escupiendo la cerveza, me reí con divertida maestría y le dije que era mentira. Le dije que yo no jugaba y que, desde luego, no negociaba el deseo ni el momento del sexo.

También le dije que era infantil e interfiere en la progresión natural de la dinámica sexual y el deseo genuino.

Los hombres tienen que entenderlo. Cada vez que se negocia

el deseo, se crea automáticamente una conformidad obligada. Lo que conduce al resentimiento (y nadie quiere eso).

Después de algunas bromas sobre el tema de su "regla de las ocho citas", con las pupilas dilatadas y un resoplido de sus gigantescas tetas en sujetador push-up, dejó su cóctel femenino y se inclinó hacia delante para mostrar su escote. Me miró fijamente a los ojos, sonrió satisfecha y dijo: "Vale, vamos a follar ahora mismo". E hizo un gesto hacia los baños del bar.

La misma mujer que antes me estaba sermoneando sobre su "regla de las ocho citas", estaba dispuesta a follarme en el baño. Literalmente sólo 20 minutos después de sentarme con ella.

Es lo que se llama una prueba de mierda, y la pasé con nota. También fue una de las pocas veces en mi vida en las que he pasado de un agresivo avance sexual femenino.

Si una mujer te pone aros por los que saltar y pruebas que superar, normalmente te está poniendo a prueba para ver dónde encajas en su escala de Alfa a Beta. Y, te lo prometo, no acabará en un sexo increíble de "¡Fóllame como si fueras mi dueño!" si cumples su marco.

Una mujer romperá todas sus reglas si te ve como un alfa. Cada. Puta. Vez.

Entrará voluntariamente en tu marco. Vendrá a verte. Se tragará gustosamente tu carga. Incluso se acostará contigo durante su menstruación. Te dirá con entusiasmo: "Quiero sentirte por todas partes", y se meterá tu polla en el culo. Te hará el desayuno por la mañana, te hará la cama, te lavará la ropa. Y, en última instancia, si puedes mantener el marco de una dinámica así a largo plazo, se convertirá en un complemento de tu vida.

Sin embargo, una mujer que te pone normas te ve como un beta. Siempre. Siempre. Siempre.

Te hará esperar para tener sexo. Tú irás a ella. No te hará sexo oral. Le invitarás a cenar, serás su hombro para llorar y ella será el centro de tu vida. Te tratará como un tampón emocional. Te utilizará para arreglar su coche, colgar estanterías y cuidar de sus hijos. Todo mientras sale a bailar salsa con sus amigas, donde puede que conozca a Chad Thundercock una noche y luego se lo folle en el baño de la discoteca.

Los hombres que operan en un marco beta acaban siendo engañados mucho más que los machos alfa. Nunca consiguen lo mejor de ella (ni dentro ni fuera del dormitorio) y acaban casándose con mujeres que sólo les tratarán como a un caballo de aradar.

Como hombre que ella considera Beta, tendrás poco que decir en los asuntos familiares, la educación de los hijos o el control financiero. Irás a tu trabajo cada semana mientras ella deja a los niños en su todoterreno para ir al colegio o a la guardería. Antes de sentarse en una cafetería, después de la clase de yoga, a cacarear con sus amigas sobre lo inútiles que son sus maridos. Luego se quejan de que tuvieron que "dar" sexo a su marido Beta esa misma semana, mientras suspiran por su atractivo instructor de yoga.

Esa misma mujer podría haber estado en Ibiza por su cumpleaños, follándose con entusiasmo a dos guapos italianos como una estrella del porno en una orgía, momentos después de conocerlos a las 2 de la madrugada.

El proceso de conversión de Alfa a Beta:

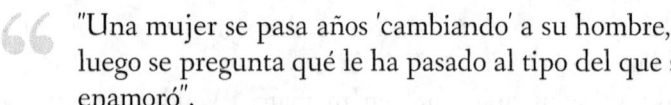

"Una mujer se pasa años 'cambiando' a su hombre, y luego se pregunta qué le ha pasado al tipo del que se enamoró".
- Anónimo.

Este proceso dura años, y puede convertir a un alfa en un débil macho beta: a menudo se considera el proceso de "Betatización por mil concesiones". Es uno de los muchos catalizadores que conducen al trauma que sufren los hombres, enviándoles a Internet en busca de respuestas y de la verdad.

Es un proceso del que he hablado muchas veces en mis vídeos, y convierte a los hombres de una mascota a la que ella ni quiere y ni admira, en un caballo de arado al que ella no ve más que como una utilidad. Una utilidad de la que ella abusa emocionalmente y con la que ya no quiere follar con entusiasmo.

Si no eres consciente, y no controlas el marco de la relación, lo más probable es que esto te ocurra a ti. Te hará débil, blando, pobre e indeseable para tu mujer.

The Unplugged Alpha 2nd Edition (Versión española)

El proceso de "Betatización por mil concesiones" es una auténtica amenaza para ti como hombre, sobre todo si cohabitas, o contraes matrimonio, o tienes hijos.

Debido a la naturaleza hipergámica innata de las mujeres, éstas aspiran a casarse con un hombre mejor, de modo que él suele ganar la mayor parte de los ingresos del hogar. Lo que significa que el proceso de Betatización podría acabar costándote una parte importante de tu riqueza pasada, e incluso futura, en un divorcio.

Pero eso ni siquiera es lo peor. Como las mujeres siguen teniendo la custodia principal de los hijos en un 80% de los casos, la mayoría de los hombres no sólo pierden su patrimonio, sino también su capacidad de tomar decisiones sobre los hijos. Lo que significa que también pierden su capacidad de criarlos adecuadamente.

Convertirse en un beta débil es una de las cosas más peligrosas que les ocurren a los hombres en las relaciones a largo plazo y en los matrimonios.

Es un proceso que las mujeres facilitan sin saberlo. Y los hombres permiten que ocurra porque a nosotros, como hombres, nos han dicho toda la vida que la pongamos a ella en un pedestal y que seamos menos, para que ella pueda llegar a ser más.

Mil concesiones

La cronología es más o menos así: Ella le echa el lazo a un hombre al que admiraba, con el que quería follar y estar. Con el tiempo, él se convierte en el caballo de arar beta abatido que sucumbe a sus órdenes. Realiza tareas con la esperanza de tener sexo, y es a quien ella, en última instancia, ya no quiere follar, ni siquiera desea.

Este fenómeno suele empezar con: "Cariño, pon tus calcetines oscuros en el cesto de los oscuros, y tus calcetines blancos en el cesto de los blancos". Luego pasa a "¡Vamos a hacer veganismo juntos!" y termina en "Te quiero, pero no estoy enamorada de ti, quiero el divorcio, así que me llevo a los niños a casa de mi madre".

Para una ilustración perfecta de cómo son estos caballos de aradar casados betatizados, presta atención a tus próximos viajes al supermercado. Pasea por el pasillo de los pañales para bebés y busca a la familia que está haciendo la compra. Empezarás a ver maridos con cara de agotados y abatidos. Sus hijos, de uno, tres y cinco años, más un bollo en el horno, están fuera de control. Su esposa, ahora rotunda, con su permanente cara de amargada le frunce el ceño sobre lo incompetente que es por haber puesto los pañales equivocados en el carrito de la compra.

Una vez que veas que esto ocurre, ya no podrás dejar de verlo. Notarás este tipo de hombres más a menudo a tu alrededor. En el centro comercial, en el partido de fútbol de tu hijo y en las reuniones sociales con amigos y familiares.

Este marido es el mismo hombre al que ella, muchos años antes, admiraba y con el que, potencialmente, incluso había tenido sexo duro y mono con entusiasmo. Ella presentaría orgullosa a su nuevo novio "mascota" por primera vez durante las vacaciones, antes de decir orgullosa a su familia: "Éste es Kevin, el vicepresidente de ventas del que os hablé en el trabajo".

Diablos, probablemente era el mismo con el que solía follar. Colgaba el teléfono para controlar el marco, porque inconscientemente era lo bastante alfa como para saber cuándo funcionaba un siguiente suave. Probablemente ella condujo hasta allí a las 3 de la madrugada de esa misma noche, después de que él le colgara, para dejar que se la follara por el culo, algo que rara vez hacía, sólo para calmarle y volver a quedar bien con él.

Kevin, el vicepresidente de ventas, empezó siendo un alfa pero, a base de mil concesiones para aplacar los caprichos de ella durante el tiempo que duró la relación, Kevin se convierte en el Beta.

Un alfa hace lo que le da la gana, posee los rasgos de: fuerza, valor, dominio y honor. Los hombres quieren ser él; las mujeres quieren estar con él. Cuando las mujeres están con él, lo demuestran con entusiasmo.

Un beta, en cambio, está en el otro extremo del espectro. No es su primera elección; es un accesorio en su vida, una utilidad, un manitas y, en muchos casos, ella también le tratará como a un cajero automático.

La peor forma de beta es el cornudo. Que es el hombre que se lía con una madre soltera, y luego cría voluntariamente a los hijos de otro hombre. O peor aún, su mujer se queda embarazada de otro hombre, y él, sin saberlo, cría a ese niño como si fuera suyo.

Las mujeres no se divorcian de los hombres alfa a los que admiran y respetan. Generalmente dejan a los hombres beta que se convierten en un caballo de aradar para ellas. Como hombre, si quieres asumir el riesgo del matrimonio y los hijos, tienes que estar en tu misión, mantener siempre el marco y tu estatus de alfa.

Recuerda, en toda relación, un miembro de la pareja entra en el marco del otro. Por tanto, te corresponde a ti, como hombre, asegurarte de que tu mujer está en tu marco. No puedes dejar que el equilibrio de ese marco se desplace hacia ella.

Demasiados hombres se casan y se creen de verdad los votos que hacen: "En la salud y en la enfermedad... en la riqueza y en la pobreza... hasta que la muerte nos separe".

Lo cierto es que las mujeres se divorcian de los hombres todo el tiempo si las circunstancias del matrimonio cambian y ahora ella te considera de menor valor para ella. Si engordas, te arruinas, no puedes mantener un empleo o eres un completo inútil en casa, la mujer se reserva el derecho a desatar el nudo matrimonial.

Por eso les digo a los hombres todo el tiempo que asumir un matrimonio o una relación a largo plazo es mucho más trabajo que simplemente salir con alguien o hacer girar platos (y ambos conllevan muchos más riesgos).

No olvides nunca que, si vas a casarte o a tener hijos, es imprescindible que controles el marco, y no te permitas convertirte en un macho beta.

La cruda verdad

No lo olvides nunca:

- Las mujeres rompen las reglas para los alfas y las hacen para los betas.
- Por injusto que sea, la "Carga del Rendimiento" siempre recae sobre ti. Esto significa que siempre

debes dar lo mejor de ti cuando se trata de enmarcar, jugar y dirigir la relación (más aún si estás casado o en una relación a largo plazo).
- Si notas que pone reglas o condiciones en aspectos como cuándo va a tener sexo contigo (por ejemplo: "Si quieres volver a tener sexo, entonces..."), ya sabes que definitivamente te ve como un Beta y que el marco ha cambiado.
- Aprende a decir "No". Es una frase completa que no necesita más explicación. Si te ha estado azotando durante años, es probable que se sorprenda. Pero también esté intrigada. Espera que aumente las pruebas de mierda para ver si este nuevo tú, más asertivo, es de verdad. Así que será mejor que te asegures de que lo es.

Informe de campo de Steve el de Contabilidad

Recuerdo que estaba intrigado (y más que un poco escéptico) cuando editaba este capítulo allá por 2020. Muchas cosas parecían "ilusiones". Sin embargo, habiendo llegado a experimentar -repetidamente- mucho de lo que Rich habla aquí, en realidad es aterradoramente preciso.

Renuncié a tantos de mis propios sueños por mi ex mujer, que hice muchos miles de pequeñas concesiones a lo largo de nuestro tiempo juntos. Por aquel entonces, no tenía espina dorsal, ni límites, ni, desde luego, pelotas.

Si pasas parte de tu valioso tiempo con una mujer para la que, naturalmente, cumples todos sus requisitos hipergámicos (y algunos más), empezarás a darte cuenta de que ella hará la gran mayoría (si no todas) de las cosas anteriores. En serio.

Ahora espero con impaciencia estas pruebas de mierda/competencia, ya que me brindan la oportunidad de ser más juguetón con ellas, o les reafirmo cómo voy a vivir mi vida, y entonces les ofrezco amablemente la opción de dar un paso en esa dirección, o les deseo lo mejor y seguimos caminos separados.

Ahora bien, conviene tener tacto con algunos aspectos.

The Unplugged Alpha 2nd Edition (Versión española)

Recuerdo que hace poco tuve una cita con una mujer de mi clase local de salsa. Nos estábamos besando en el coche, fuera de mi casa (le dije que viniera a la mía y aparcara allí, para que yo pudiera llevarnos a nuestra cita de boulder), y descubrí que tenía unos oídos muy sensibles, para su propia sorpresa (y para mi deleite).

Lo que siguió fue una rápida escalada que hizo que no sólo "rompiera sus propias reglas", sino que cogiera su propio libro de reglas de "tomárselo con calma", lo rompiera inmediatamente y le prendiera fuego.

Resulta que ella no podía creer que hiciera todo lo que hicimos en nuestra segunda cita. Yo sí podía (porque comprendí que sentía una fuerte atracción hacia mí), pero la dejé marchar con suavidad porque me di cuenta de que le estaba costando mucho, en última instancia porque quería que yo entrara en su marco, tomándoselo con "superlentitud". No, no es para mí, gracias.

Otras mujeres han intentado sacar la carta de la exclusividad para el sexo al principio (a una le dije "Eso no es lo que busco, pero si es lo que necesitas, siéntete libre de irte". Parecía sorprendida, pero se excitó visiblemente cuando se dio cuenta de que iba muy en serio, y nos acostamos esa noche, sin más complicaciones, al menos durante unos meses).

Sin embargo, no todas las mujeres querrán caer en tu trampa. Y no pasa nada. De hecho, ayer dejé marchar a una mujer y le deseé lo mejor cuando cambió de opinión sobre si le parecía bien que yo no fuera sexualmente exclusivo con ella. Tenía 31 años y no podía soportar los celos que le producía pensar que me acostaba con otras mujeres (además de con ella). Genial. Nos habíamos divertido, pero no pudo ser. No había problema.

Y aquí es donde encaja el comentario de Rich sobre "la nata sube a lo más alto". Verás rápidamente las diferencias entre las mujeres que se meten de buen grado en tu marco (y quieren quedarse dentro de él) y las que no.

Además, normalmente no importa lo "Alto Valor" que tengas. No todas las mujeres que conozcas encajarán bien contigo. Y no pasa nada. Además, no esperes acertar siempre. Todavía me sorprendo tomando decisiones estúpidas que, pensándolo bien, no eran atractivas. No te preocupes, me alegra asumir la L y aprender de ella para la próxima vez.

Sin embargo, si subcomunicas (de un modo no estúpido) que tú estableces las normas y las reglas de la relación que quieres (y que no tienes miedo de marcharte si no lo consigues), empezarás a descubrir que muchas más mujeres responderán positivamente.

Seguro que te harán más pruebas de mierda (diseñadas para comprobar lo fuerte que es tu armazón), pero espéralas, dales la bienvenida, aléjalas con una respuesta juguetona y no te importe una mierda si a ella le gusta o no.

Te sorprenderás tanto como yo de lo poderoso que es para las mujeres ser dueño de cómo quieres vivir tu vida sin pedir disculpas.

12

21 SEÑALES DE ALARMA

En mi canal de YouTube, a menudo hago referencia a la frase "Tiene más banderas rojas que un desfile comunista chino". En este capítulo, quiero profundizar un poco más en las banderas rojas más arriesgadas que los hombres deben tener en cuenta al navegar por su vida en torno a las mujeres.

Yo mismo he cometido muchos de estos errores y he aconsejado a cientos de hombres que han hecho lo mismo. Por tanto, es esencial, por tu propio bienestar, que no ignores estas banderas rojas.

Ten en cuenta que puedes buscar una relación seria con una mujer que muestre cualquiera de estas banderas rojas. Sin embargo, en mi opinión, no merece la pena el trabajo, y los riesgos superan con creces cualquier recompensa.

Si eres una mujer que está leyendo este capítulo y te identificas con una bandera roja, no te enfades. En lugar de eso, como sigo recordando a los hombres: trabaja en ti misma, asume la responsabilidad y busca asesoramiento.

Como muchos hombres han observado, la mujer equivocada puede arruinarte la vida si la dejas entrar en ella. Por tanto, aprender a detectar a tiempo las banderas rojas es una habilidad esencial que los hombres deben dominar. Aunque este capítulo abarca las veinte principales que he identificado, existen muchas otras, así que mantén los ojos bien abiertos.

Si decides relacionarte con alguno de estos tipos de mujeres, mi consejo, a menos que se indique lo contrario, es que limites tu interacción a una relación de "Amigos con derecho a roce" (o, FWB) y que sigas girando platos. En cuanto identifiques una o varias de estas banderas rojas, limítala a la condición de plato, o pasa de ella y no hagas ninguna otra inversión emocional ni en ella, ni en una relación con ella.

Hay mujeres ahí fuera que añadirán valor a tu vida, si mantienes alejadas a las equivocadas.

También estoy abordando este capítulo partiendo del supuesto de que eres un hombre con propósito que valora su propia masculinidad, su fuerza y sus habilidades de competencia masculina tradicional.

Los hombres beta hacen concesiones y excusas constantemente, mientras aceptan las banderas rojas. Mientras que un macho alfa de alto valor sigue persiguiendo la excelencia y su propósito en la vida. No deja que las mujeres problemáticas interfieran en la misión de su vida.

Bandera roja nº 1 - Problemas con papá

Si no tiene una relación amistosa con su padre, o tuvo una relación enconada con él durante su infancia, es probable que tenga diversos problemas con su padre. Ya sea porque su madre echó a su padre de su vida, porque él le impuso límites contra los que ella se rebeló, porque estaba ausente, o tal vez porque no le interesaba ser padre y, en cambio, actuaba como un mueble más de la casa.

En cualquier caso, cualquier mujer que no haya tenido una relación sólida con un padre fuerte, masculino y virtuoso en su vida, no valorará a un hombre masculino, virtuoso y alfa desconectado.

Si no valoró a su padre, ¿qué te hace pensar que te valorará a ti? He aconsejado a demasiados hombres que se han esforzado demasiado por rescatar a mujeres con problemas con su padre. Nunca merece la pena.

Otro aspecto preocupante de los problemas con el padre es que suelen estar relacionados con el Trastorno Límite de la

Personalidad (TLP). Las mujeres con TLP suelen proceder de hogares sin padre, lo que alimenta su miedo al abandono. Este miedo continúa cuando se convierten en adultas, donde supondrán que, una vez más, serán abandonadas. Entonces actúan de forma que el abandono sea seguro.

Las mujeres con TLP son peligrosas porque actúan en los extremos, pueden ser una cerdas en la cama y luego actuar inmediatamente como una dama con clase en la calle.

Una mujer TLP puede pasar rápidamente de la calentura al frío glacial. Estas mujeres TLP pueden enganchar a un tio fingiendo ser una mujer cariñosa, afectuosa y cuidadosa. Una mujer TLP puede crear la falsa sensación de perfección que te hace decir "¡Vaya, una mujer que por fin me quiere, me respeta y me aprecia!".

Preguntarle pronto "Háblame de tus padres cuando eras pequeña" te ayudará a identificar, y luego filtrar, a las mujeres con problemas con su padre. Recuerda que tienes dos orejas y una boca. Así que úsalos en esa proporción: pregunta y luego escucha. A menudo ella te contará su historia.

He tenido bastantes experiencias con mujeres que tenían problemas con su padre y nunca merecen tu tiempo, esfuerzo o recursos.

El padre de una mujer es su principal modelo a seguir cuando crece y sienta las bases que rigen su sistema de creencias. E incluye la lente con la que ve tanto a los hombres como a las mujeres, y cómo deben interactuar.

Sin embargo, el origen de sus problemas es irrelevante porque, si expresa desprecio por su padre, es poco probable que valore a los hombres.

Los hogares monomarentales, especialmente los feministas, son una placa de Petri para las mujeres de hoy en día con problemas con papá. Una madre que se identifique con el feminismo inculcará valores tóxicos a su hija. En lugar de valorarte, te considerará un "machirulo privilegiado" y se sentirá resentida por tu masculinidad.

Tras mi divorcio, salí con una mujer que tenía tres hermanos mayores. Su madre enviudó antes de que naciera mi ex novia. En lugar de ser madre soltera de tres hijos, optimizó su hipergamia y buscó un proveedor beta. Finalmente tuvo un cuarto hijo, mi ex novia, con su segundo marido.

La madre de mi ex murió de cáncer cuando ella tenía poco más de veinte años. Cuando le pregunté por la relación con su padre, alegó indiscreciones imperdonables de las que su padre era responsable. Pintó a su madre como una santa feminista y a su padre como un infiel abusivo, misógino y maltratador de niños.

Mientras salíamos, mi ex pasó casi veinte años sin tener contacto con su padre. Como era de esperar, se identificó como feminista, se convirtió ella misma en madre soltera de dos hijos, y posteriormente tuvo poca consideración por los hombres y la masculinidad, a menos que le sirvieran de algo a ella y a sus hijos. Entonces los desechaba una vez que capitalizaba su valor.

Mientras luchaba constantemente contra su conflicto interno por encontrar un hombre de alto valor, también le molestaba la energía masculina y afirmaba que los hombres no suscribían sus creencias feministas solipsistas.

Tras la muerte de su madre, mi ex novia huyó de Canadá para enseñar inglés en Asia. Después se fue de fiesta durante toda su veintena con muchos hombres de allí, volvió en su fase de epifanía a finales de la veintena, se casó con un macho beta que suspiraba por ella a los 28 para cumplir su reloj biológico. Antes de divorciarse rápidamente de él a los 38, cuando consideró que ya no le servía para nada.

Un popular vídeo de mi canal titulado "3 mujeres con las que los hombres deberían evitar salir" se basaba en algunas mujeres con las que había salido y que tenían:

1. Problemas con su padre,
2. Necesitaban ser salvadas,
3. Peleas con el padre de sus hijos.

Este tipo de mujeres nunca tomarán las riendas de sus propias vidas. Cuando hice ese vídeo en mi canal, las mujeres con problemas con su padre escupieron sus inseguridades en la sección de comentarios. El ejemplo siguiente es una respuesta típica:

Bandera roja n° 2 - Feministas

Ya traté brevemente este tema en la anterior bandera roja de "problemas con papá". Muchas mujeres occidentales de hoy en día se identifican como feministas o han acogido creencias feministas tóxicas en sus escuelas de pensamiento. Están adoctrinadas para creer que los hombres son privilegiados, que los hombres frenan a las mujeres y que los hombres sucumben al patriarcado.

Afortunadamente, las feministas devotas de toda la vida suelen ser fáciles de detectar. Ellas:

- Evitan las señales femeninas tradicionales y en su lugar optan por colores de pelo más cortos y teñidos de forma poco natural (piensa en azul brillante, morado o rojo),
- Mutilan su cuerpo con varios tatuajes y/o piercings faciales,
- Suelen tener sobrepeso y suelen vestir con ropa mal ajustada.

En lugar de mantenerse en forma, bien vestidas y arregladas para mantener su atractivo físico femenino para los hombres.

El feminismo predica opiniones políticas radicalmente izquierdistas que luchan por el aborto libre ilimitado, elevan a las madres solteras a un pedestal y afirman que la masculinidad es "Tóxica".

Las feministas odian que el Estado imponga límites al aborto e intente obligarlas a ser madres. Sin embargo, utilizan más que alegremente el derecho de familia del Estado para obligar a los hombres a ser padres.

El feminismo enseña a las mujeres a votar a favor del Estado del Bienestar, las limosnas masivas del gobierno, los enormes tipos impositivos a los que más ganan y los programas sociales que benefician ampliamente a un orden social primario femenino.

Una feminista nunca te apreciará ni te valorará como hombre. El feminismo enseña a las mujeres a ser víctimas, y cualquiera con mentalidad de víctima no puede encontrar la felicidad.

La versión actual del feminismo es tan tóxica que es antifeminista. Anima a las mujeres a odiar a los hombres, al tiempo que las anima a comportarse como hombres, y a que abandonen la noción de maternidad para dar prioridad a sus carreras.

El feminismo no busca hacer a las mujeres mejores, ni más femeninas. El feminismo busca convertir a las mujeres en versiones terribles de los hombres.

La propiedad es un concepto con el que luchan la mayoría de las mujeres. Sin embargo, las feministas suelen desconocerlo por completo, por lo que todo será culpa del patriarcado.

Por tanto, evita a toda costa a cualquier mujer que se identifique como feminista.

Desde el movimiento #MeToo, hemos visto a varios hombres excepcionales caer ante las falsas acusaciones de acoso sexual o violación, y la gran mayoría de estas falsas acusaciones proceden de mujeres feministas.

Lamentablemente, ni siquiera las señales femeninas bastan a día de hoy. Hay muchas mujeres ahí fuera que se identifican con los valores feministas y que siguen siendo femeninas en apariencia, y éstas son con las que debes tener más cuidado. Ya que están en un camino de transformación hacia la obesidad, coleccionar gatos y, finalmente, el pelo corto y de colores brillantes.

Si vas a iniciar una relación a largo plazo, o incluso estás pensando en casarte, es vital que te des dos años para observar tanto su comportamiento como sus elecciones en la vida. Presta mucha atención a ella antes de hacer una tontería, como casarte con una mujer que parece femenina, pero que internamente cree en la propaganda feminista.

Bandera roja nº 3 - La infeliz y desafortunada

La décima ley de Robert Green dice "Evita a los infelices y desafortunados". Si no has leído "Las 48 leyes del poder", hazte un favor, léelo y evita siempre a los infelices y desafortunados.

Y aunque esto no sólo se aplica a las mujeres, lo señalo aquí en este capítulo, ya que este tipo de mujeres son una completa pérdida de tu tiempo. Su infelicidad perpetua te robará la alegría.

Esas mujeres siempre tienen algún problema en su vida que atrae a los tipos del tipo "Capitán Salva-una-puta" para que se abalancen sobre ellas y las rescaten de su terrible existencia y de sus elecciones en la vida.

Las infelices y las desafortunadas suelen ir de hombre en hombre, chupándoles su alegría y su fortuna. Son un imán para atraer el drama a su vida, y a la tuya. Por tanto, asóciate sólo con los felices y afortunados.

Bandera roja nº 4 - Compite contigo

Una mujer que intenta constantemente competir contigo puede parecer simpática al principio, pero es una prueba de tu competencia como hombre, y es un comportamiento solapado que, en última instancia, pretende reducir tu valor para ella.

El orden social primario femenino dice a las mujeres que son mejores que los hombres, y por eso vemos el auge de la "Boss girl" en las redes sociales. Una vez salí con una mujer que competía con su hermano mientras crecía, y ese comportamiento competitivo continuó en su relación conmigo.

Es una señal de alarma, porque cuando una mujer compite contigo, se cree mejor que tú. Una mujer que se cree mejor que tú no te respetará y, en última instancia, intentará socavarte.

Para que una mujer satisfaga su hipergamia, debe sentir que está con un hombre que, a sus ojos, tiene al menos 1-2 puntos más de Valor Sexual de Mercado (o, VSM) que ella.

Una mujer no intentará competir contigo cuando crea que tu valor es mayor, sino que te admirará y querrá encontrar formas de apoyar tu misión en la vida. Recuerda, las mujeres quieren estar con un gigante. Quiere admirarte. La hipergamia nunca busca su propio nivel; la hipergamia sólo puede satisfacerse si se supera a sí misma.

Una mujer que compite constantemente con su LTR, o con su marido, es siempre el preludio de una catástrofe.

Bandera roja nº 5 - Mantiene cerca a hombres de su pasado

A las mujeres les gusta tener opciones. Una encuesta reciente demostró que casi la mitad de las mujeres casadas admitían tener un plan de respaldo (un hombre). Si estáis entrando en una relación a largo plazo y ella quiere que abandones tu estrategia sexual de acceso ilimitado a un número ilimitado de mujeres, entonces tiene que quemar el barco en las costas de su nueva vida contigo y cortar todos los lazos emocionales con otros hombres.

Ahora bien, algunas mujeres acaban siendo una "Viuda Alfa". Una "Viuda Alfa" es una mujer que suspira por ese alfa de gran valor que no se comprometió con ella en sus primeros años.

Puede que ya no esté en contacto con él. Sin embargo, si aún le ve como el que "se escapó" y conserva un lugar para él en su cabeza, y por tanto en su corazón, entonces nunca te verá como su mejor opción.

Es imprescindible que sienta un deseo genuino y ardiente por ti. No quieres ser "suficientemente bueno". Quieres asegurarte de que estás obteniendo lo mejor de ella.

Créeme cuando te digo que nada bueno sale de que ella almuerce con ex novios u otros amigos varones, y desde luego tú no quieres ser el tipo con el que ella "se conformó".

Si eres un hombre que persigue la excelencia en su vida, no necesitas distracciones como que tu mujer busque la atención de otros hombres o siga suspirando por ellos.

Los hombres y las mujeres tienen pocos intereses comunes, aparte de que los hombres quieren tener sexo con las mujeres y las mujeres quieren obtener atención o recursos de los hombres.

No debería haber lugar para "amigos" masculinos en su vida si tienes una relación de pareja. Las mujeres así deberían ser un plato, al menos hasta que puedan demostrar que han superado su pasado. Nadie se folla a más novias y esposas que "sólo es un amigo".

Bandera roja n° 6 - Problemas de dinero

Puede que algunos de vosotros ya sepáis esto por mis vídeos, pero estoy muy versado en servicios financieros por mis negocios anteriores, y cuando las mujeres son malas con el dinero, suele haber serios problemas.

Si es adulta y no tiene una olla en la que mear o una ventana por la que tirarla, entonces ni siquiera debe ser tenida en cuenta para una relación a largo plazo. He visto demasiados hombres que intentan jugar al "Capitán Salva-una-Puta" y rescatar a mujeres con deudas horrendas y terribles hábitos de gasto.

A pesar de la mentira que el feminismo ha contado a las mujeres de que sólo ganan 75 céntimos por cada dólar que gana un hombre, hoy en día las mujeres tienen todas las oportunidades de ganarse bien la vida.

Sin embargo, las mujeres siguen eligiendo carreras que pagan menos que los hombres, al tiempo que se endeudan profundamente gastando más de la cuenta. En última instancia, si no puede gestionar su flujo de caja mensual y no tiene más que un montón de bolsos y una colección de zapatos para demostrar sus deudas, evita verla como algo más que una follamiga, porque hará de sus problemas económicos tu problema.

Bandera roja n° 7 - Mujeres violentas

Las mujeres con tendencias violentas son una gran señal de alarma. Los primeros signos de violencia son tan pequeños como un puñetazo o un empujón. Sin embargo, he aconsejado a muchos hombres que han esquivado ataques con cuchillo o incluso objetos que les lanzaba una mujer enfadada que tenía un berrinche.

Los hombres son físicamente más fuertes que las mujeres, así que cuando se produce una llamada a la policía por violencia doméstica, aunque seas tú la parte inocente que hace la llamada, o te defiendas, es probable que te lleven esposado a ti, en vez de a ella.

En la mayoría de los casos de violencia doméstica, se presume automáticamente que el hombre es culpable y se protege a la mujer, aunque haya sido ella la que haya empezado el maltrato físico. He visto a hombres pacíficos, durante un divorcio, expulsados de su propia casa y de sus hijos, porque una mujer violenta acusó a su marido de una violencia doméstica que nunca ocurrió.

La violencia de cualquier mujer hacia ti, por cualquier motivo, nunca jamás debe tolerarse, y es motivo para poner fin a la relación inmediatamente. Para protegerse, los hombres deben utilizar su teléfono móvil como escudo, y grabar un vídeo de su comportamiento errático como prueba para las autoridades.

Por si no lo he dejado suficientemente claro, ¡evita a toda costa a las mujeres violentas! Ni siquiera merecen un acuerdo de pareja. Cuando se trata de mujeres violentas, no vale la pena el peligro.

Bandera roja n° 8 - Celos extremos

Las mujeres quieren estar con un hombre que otras mujeres quieran follarse. Pero no quieren que su hombre salga realmente a follarse a esas otras mujeres.

Esta dicotomía de la naturaleza femenina es algo con lo que los hombres siempre tendrán que luchar. Un cierto grado de celos, también conocidos como ansiedad por competencia, es algo bueno, ya que hace que ella se esfuerce por mantenerte. Pero se vuelve indeseable cuando las mujeres son tan inseguras de sí mismas que siempre hacen de sus problemas los tuyos, distrayéndote de tu propósito.

Serán como un dron depredador, siempre vigilándote. Te enviará mensajes de texto constantemente, escaneará tus recibos para ver dónde has estado, qué se pedía en el recibo, buscará pelos que no sean suyos, querrá mirar en tu teléfono, espiará a las mujeres que siguen y les gustan tus publicaciones sociales, y contará el número de condones que hay en el cajón de tu mesilla de noche.

Es agotador. Te robará toda tu cordura, alegría y dignidad. Las mujeres celosas tienen trabajo que hacer consigo mismas, y sinceramente no es tu trabajo ser su terapeuta.

Bandera roja nº 9 - Chicas fiesteras

La mayoría de las mujeres menores de 27 años que nunca han tenido una relación de pareja están en sus años de fiesta. Si conociste a tu chica en un club nocturno, bar u otro evento social, y ella afirma que es material para una relación, pero sigue saliendo de fiesta varias noches a la semana, tienes dos opciones:

1. Dile que no sales con mujeres que se van de fiesta sin ti y que, si sigue así, le desearás lo mejor y te marcharás.
2. Mantenla dentro, pero sólo como plato.

Los "años de fiesta" tampoco son exclusivos de las mujeres menores de 28 años. A veces, se casó muy joven, tuvo hijos y se divorció a los 30 y se perdió sus "años de fiesta". Así que no es raro ver a mujeres en otras etapas de su vida intentando revivir esa época de fiesta perdida como mujer mayor.

No puedes tener una relación de pareja exclusiva con una mujer si ella sale de fiesta con sus amigas con regularidad. El proceso implica dos horas de preparación de su peinado, maquillaje y ropa, con el objetivo principal de venderse a otros hombres. Si sale a venderse a otros, no es tu mujer.

Los hombres han evolucionado para exigir fidelidad a la mujer en la que han invertido tiempo y recursos, como paso para garantizar la paternidad. No se trata de celos. La mayoría de los hombres desean instintivamente saber que su mujer es sexualmente exclusiva con él.

No caigas en la narrativa de los hombres beta de la nueva era sobre el poliamor. Es una estrategia de apareamiento para hombres beta débiles que deben resignarse a compartir a una mujer con hombres alfa.

Cuando haya un conflicto entre lo que dice y hace, y actúe como soltera cuando sale de fiesta, créete la acción, nunca las palabras. Las acciones siempre hablan más alto que las palabras.

Salí con algunas chicas de fiesta, y sus teléfonos siempre sonaban a las 2 de la madrugada por culpa de tíos que querían ligar. Evita a las fiesteras para las relaciones a largo plazo y nunca te limites a una sola mujer si sales con una fiestera. No es material para una relación si sale con otros hombres, se emborracha o se droga bailando hasta altas horas de la noche.

Bandera roja nº 10 - Mujeres muy tatuadas y con piercings

Soy consciente de que algunos hombres prefieren a las mujeres con algo de tinta, y habrá hombres que discutan conmigo sobre esto. Sin embargo, mis experiencias me han enseñado que su colocación y frecuencia importan. Un tatuaje escondido en la línea del bikini no es mucho de lo que preocuparse, y probablemente sea un mal juicio del que se arrepienta. Sin embargo, si tiene el clásico "tatuaje de zorrón" en la parte baja de la espalda, o más de un tatuaje visible cuando lleva ropa normal, quizá debas preguntarte qué le está diciendo al mundo.

Los tatuajes en una mujer guapa son como poner pegatinas en un Lamborghini. No lo hagas, pues demuestra falta de gusto. Nunca he conocido a una mujer con varios tatuajes visibles que no pusiera sobre la mesa al menos tres o más banderas rojas, mencionadas en este capítulo.

Las mujeres con muchos piercings son otra señal de alarma. Pon el límite en los pendientes y, si quieres ir más allá, en un aro en la nariz. Pero si tiene piercings en el tabique, el pezón, el clítoris y la ceja, o incluso varios piercings en una oreja, ten en cuenta que estás tratando con alguien que disfruta mutilando su propio cuerpo, lo cual es una señal de alarma.

Bandera roja n° 11 - Lista interminable de muescas

La cualidad más atractiva de una mujer es saber que no ha estado con todo el mundo y que tiene sus propias normas. Dejando a un lado la mayor probabilidad de que tenga una ETS, múltiples estudios realizados lo han demostrado:

- Cuanto más joven es la edad a la que una mujer pierde la virginidad, y
- Cuanto mayor es el número de hombres con los que se ha acostado (alias: su número de muescas).

A menudo hace que sea mucho menos probable que se vincule monógamamente a un hombre, de forma sana, durante un largo periodo de tiempo.

Por ejemplo, una mujer que perdió la virginidad a los 14 años y se ha acostado con 30 hombres, tiene muchas menos probabilidades de establecer un vínculo monógamo contigo a largo plazo. Compáralo con una mujer que perdió la virginidad a los 23 años y sólo se ha acostado con dos hombres en relaciones duraderas.

Si quieres entablar una relación monógama a largo plazo, o asumir el riesgo del matrimonio, hazlo con una mujer virgen o con pocas muescas que haya perdido la virginidad más tarde en la vida.

Una investigación realizada por el Instituto de Estudios sobre la Familia reveló que una mujer virgen tiene un 5% de probabilidades de divorciarse tras cinco años de matrimonio. Mientras que una mujer con dos parejas anteriores tiene un 30% de probabilidades de divorcio. Los datos se detuvieron en 10 parejas, que mostraron una probabilidad de divorcio del 35%.

Las mujeres promiscuas que han tenido muchas parejas y/o han sido sexualmente activas desde muy jóvenes NO son buenas parejas a largo plazo. Esto no quiere decir que no puedan, o no quieran, intentar ser novias o esposas. Pero las estadísticas revelan lo indeseables que son estas mujeres a largo plazo, y por eso deben ser tratadas como follamigas, y nada más.

Las mujeres con un recuento de muescas más alto también

tienen más probabilidades de sufrir depresión, ser madres solteras, tener trastornos de personalidad y abortar, en comparación con las mujeres con un recuento de muescas más bajo.

Si sales con una mujer que ha estado con dos o, peor aún, tres hombres distintos, es muy probable que tengas que lidiar con el equipaje que arrastra de todos los demás hombres que la decepcionaron, le dijeron cosas feas, la maltrataron físicamente o la engañaron. Es brutal tratar con mujeres así en una relación duradera.

En última instancia, las mujeres deben preservar su valor, mientras que los hombres deben crear el suyo. Por eso, a lo largo de la historia, la virginidad de la mujer ha sido tan apreciada. Mientras que el valor de un hombre proviene de su capacidad de hacer algo de sí mismo para poder proveer, presidir y proteger.

Debo señalar que las mujeres nunca te revelarán la verdad sobre su número de muescas, así que no te molestes en preguntar para obtener una cifra auténtica. Puede que algunas lo ofrezcan voluntariamente. Desconfía de cualquier cifra que te ofrezcan, porque las mujeres suelen temer que las avergüencen.

Las mujeres sólo suelen tener en cuenta las relaciones a largo plazo en su recuento de muescas, y no suelen tener en cuenta las relaciones de una noche, los tríos, los encuentros lésbicos o las relaciones sin compromiso que tuvieron en el pasado. Los encuentros a corto plazo rara vez se tienen en cuenta.

Como mínimo, duplica la cifra que te dé.

El estilo de vida y la compañía de una mujer reflejan su número de muescas. Una mujer que conozcas a los treinta y que afirme que tuvo una relación duradera desde que perdió la virginidad a los veintitrés, probablemente tenga un número de muescas bajo.

Pero una mujer sin una relación de pareja duradera en su pasado, que vivía sola, viajaba mucho y a la que conociste a los 35, podría tener un número de muescas de dos a tres dígitos, o más. No es raro que las mujeres en sus años de fiesta (20-27) acumulen un recuento de 25 o más hombres.

No olvides que una mujer se convierte en la media de las

cinco personas con las que pasa más tiempo. Si cinco de sus amigas son o eran promiscuas, ella será la sexta.

Bandera roja nº 12 - Madres solteras

No seas un cornudo. No críes al hijo de otro hombre.

A ti, como hombre, no te aporta absolutamente nada. No les transmites tu propio ADN, no tienen tu apellido, y la cornudez te encadena con el 100% de la responsabilidad como padre, pero con el 0% de la autoridad.

Algunos hombres eligen un acuerdo de follamigos con madres solteras porque es fácil de conseguir. Sin embargo, yo he salido con madres solteras cuando tenía la cabeza azul, y créeme: NO SALGAS CON MADRES SOLTERAS, NO VIVAS CON ELLAS NI TE CASES CON ELLAS. No merece la pena. Consulta el capítulo sobre Madres Solteras de este libro para más detalles.

Mira, he aconsejado a cientos de hombres que han cometido el error de vivir con una madre soltera de tal forma que el estado lo considera un matrimonio. ¿Adivina qué? Se han visto obligados a pagar la manutención de unos hijos que ni siquiera habían engendrado.

En un caso que asesoré, un hombre estuvo casado menos de dos años. Pagó más de 100.000 dólares de su deuda y ella trajo a casa a dos niños con necesidades especiales. Ella se cansó y se fue y le llevó a los tribunales para que le diera una pensión alimenticia... de por vida.

No seas gilipollas.

Bandera roja nº 13 - Mujeres que buscan validación

Las redes sociales son un elemento básico en el mundo actual, y casi todas las mujeres están en ellas. Sin embargo, hay que evitar a las mujeres que utilizan las redes sociales públicas para llamar la atención de los hombres. Aunque no hay "chicas buenas" en las redes sociales, las mejores utilizan cuentas privadas. Esto significa que sólo sus "amigos y familiares" pueden ver sus publicaciones y que no publican fotos provocativas, buscando "me gusta", comentarios y mensajes directos de hombres que les proporcionen mucha atención y validación.

Las cuentas públicas que utilizan las redes sociales para vender un producto o servicio y lo tratan como un negocio están bien, pero entiende que seguirá habiendo hombres que flirteen con ella.

Las mujeres que publican a diario fotos provocativas de sí mismas en cuentas públicas, con miles de sedientos machos beta siguiéndolas, también están vendiendo algo: su agencia sexual. Las mujeres así están optimizando abiertamente su hipergamia.

Si está contigo, pero sigue publicando fotos para llamar la atención, entonces se está preguntando si eres lo mejor que puede conseguir.

La mayoría de las mujeres pueden emborracharse con la atención de las redes sociales. Así que, si te planteas una relación a largo plazo con una mujer que busca constantemente atención en Internet, tienes que seguir ejerciendo tu estrategia sexual y salir con ella de forma no exclusiva hasta que abandone su hipergamia abierta.

La estrategia sexual de una mujer es la hipergamia abierta, y cuando busca atención en Internet, está jugando en el hielo, intentando marcar un gol. Tu estrategia sexual como hombre es el acceso ilimitado a un número ilimitado de mujeres. Por tanto, ni siquiera te plantees la monogamia hasta que ella misma abandone la publicidad. No tomes en serio a estas mujeres. Deben limitarse únicamente al estatus de plato o follamiga.

Bandera roja n° 14 - Era una Sugar Baby, una aficionada exclusiva o una trabajadora sexual

En un libro del autor B Rob titulado 'Salty', el autor comparte su excursión a las citas azucaradas como "Salt Daddy". También descubre cómo identificar si una mujer ha buscado dinero a cambio de citas como "sugar baby".

Haz algunas preguntas y escúchala hablar. Saca el tema de

que has oído hablar de mujeres que utilizan estos sitios, y pregúntale qué opina.

Tendrás que buscar en su correo electrónico el término "seeking" y ver si aparece algún correo enviado desde el sitio en su pasado. Para ello tendrás que indagar en su vida privada. Pero, si buscas material para una relación a largo plazo, tienes que dar este paso para asegurarte de que no vas a convertir a una puta en ama de casa. Si era una sugar baby, limítala sólo al estatus de plato.

Bandera roja nº 15 - Mentirosas patológicas

Todo el mundo, mujeres incluidas, miente. Muchas mujeres, sin embargo, no pueden evitar mentir patológicamente. Para algunas, todo su mundo es un castillo de naipes, y ni siquiera saben cuándo dicen la verdad o no. Estas mujeres no son material para una relación a largo plazo, porque no son de fiar.

Afortunadamente, este tipo de mujeres suelen "salir del armario" con el tiempo, porque no pueden mantener sus propias mentiras. Una novia que tuve a los diecinueve años mentía sobre absolutamente cualquier cosa.

Yo montaba en moto deportiva, y ella me contó al principio que tenía una moto deportiva en casa de su madre, a una hora de distancia. Aunque, extrañamente, nunca estaba disponible para montar en ella, o la tenía guardada bajo llave. Siempre contaba una historia sobre cómo montaba en moto y disfrutaba de la experiencia, pero siempre ponía excusas sobre dónde estaba la moto.

Empecé a sospechar de sus historias. Sabiendo que me costaba 9 dólares llenar el depósito de mi moto, le pregunté casualmente cuánto le costaba llenar el depósito de su moto cuando montaba. Me respondió que 25 dólares. Allí mismo supe que era una mentirosa patológica, y muchas de sus otras historias se vinieron abajo poco después.

Los mentirosos patológicos son peligrosos, te dirán que toman anticonceptivos, cuando no es así, mentirán sobre cosas que te pondrán a ti, o a tu salud, en peligro. Si estás atento y escuchas sus historias, estas mujeres son fáciles de detectar.

Bandera roja n° 16 - Rabia de bebé

Éste es un término interesante que descubrí cuando me divorcié y volví a tener citas a los 39 años. Tenía la molesta sensación de que la mayoría de las mujeres sin hijos con las que salía estaban desesperadas por casarse y tener hijos. Algunas estaban tan sedientas de casarse y tener hijos, que incluso me preguntaban si eso era lo que quería antes de preguntarme cualquier otra cosa.

A veces era incluso en su mensaje inicial en una aplicación de citas. Daba la sensación de que buscaban un beta obediente con suficiente capacidad de aprovisionamiento y genes decentes con el que establecerse.

Las mujeres que muestran desesperación por casarse y reproducirse no están por ti y no apoyarán tu misión. No complementarán tu vida, sino que querrán ser el centro de la misma.

Cualquier mujer que intente meterte prisa para que tengas hijos y te cases, sin permitirte un periodo de investigación de dos años, es una gran señal de alarma.

Pero, si sientes que no eres más que un accesorio para cumplir su imperativo biológico de reproducirse, o que está contando sus óvulos cada mes, a medida que se secan? Tiene rabia infantil.

Sigue adelante y no dejes que sus problemas se conviertan en los tuyos. O se lo gana, o puede ir a convertirse en el problema de otro hombre.

Muchas de estas mujeres anteponen sus estudios y carreras profesionales a su edad fértil. Cuando se acercan a la treintena, se ponen desesperadas. Recuerda que los hombres pueden tener hijos sanos hasta bien entrada la cincuentena. En el caso de las mujeres, su edad fértil disminuye rápidamente a partir de los 30 años.

Bandera roja n° 17 - Ataques de ira

Algunas mujeres nunca han adquirido la madurez social necesaria para procesar sus emociones, así que recurren a los arrebatos para resolver sus diferencias en una relación.

Cuando mi hija tenía 3 años, si algo no salía como ella quería, se tiraba al suelo, boca abajo, y luego daba patadas y puñetazos con las extremidades en el suelo mientras gritaba. Esta es la versión infantil, y es excusable en un niño, porque no saben procesar sus emociones con madurez cuando algo no les sale bien, así que empiezan a patalear y a gritar.

En una mujer adulta, los berrinches son una señal de alarma inaceptable y se presentan de muchas formas.

En lugar de abordar el problema como una adulta, puede empezar por publicar en las redes sociales de forma pasiva y agresiva algo revelador y sexy, comportarse de forma errática o hacer comentarios solapados sobre ti.

Una dice: "Hola amigos, estoy aquí y mi hombre me ha cabreado; miradme y colmadme de validación y atención". La otra es una maniobra pasivo-agresiva para avergonzarte o ridiculizarte, normalmente con alguna declaración encubierta o meme.

Los ataques de ira abarcan un amplio abanico, que incluye, entre otras cosas, afirmar abiertamente algo como: "Deja mis cosas en el porche" cuando las cosas no van como ellos quieren. O acciones como contratar a un entrenador personal masculino con el que sabes que tuvo relaciones íntimas en el pasado, y publicar una foto en las redes sociales de los dos juntos, con un pie de foto trillado sobre cómo "esta chica recuperará su cuerpo", en un esfuerzo por presionarte.

Estos arrebatos de las mujeres son una mala noticia, y me he dado cuenta de que a menudo existe una correlación entre sus ataques de ira y los problemas con su padre. He visto a padres poner límites lógicos, responsables y razonables a sus hijas para preservar su valor como mujer, y ella romperlos habitualmente de forma rebelde y peligrosa en señal de protesta.

Por ejemplo, un padre europeo tradicional suele establecer límites sobre cuándo pueden salir sus hijas, y en qué culturas considera que encajan bien en la familia. Una mujer con problemas con su padre, que no puede respetar los límites establecidos por un hombre, saldrá y se pondrá furiosa buscando, y luego manteniendo intencionadamente, muchas relaciones sexuales peligrosas con hombres de culturas a las que sabe que su padre se opondría con vehemencia. Incluso si el resultado es una ETS o un aborto.

Enfréntate a los berrinches sin rodeos y trátalos como un comportamiento inaceptable, de lo contrario tendrás que lidiar con ellos constantemente en tu relación.

Además, no discutas con las mujeres. No permitirán que la lógica o la razón se interpongan en su arrebato emocional.

Establece el límite y corta todo contacto con ella (lo que se llama un "siguiente suave") durante unos cuatro o cinco días para dejar que reflexione.

Recuerda que la atención es la moneda del reino para las mujeres, así que cuando se la quitas, empiezan a perder la cabeza y suelen volver automáticamente a la línea. O obedece, o es "Adiós".

La mayoría de las mujeres, debido a su propia naturaleza solipsista, no lo reconocerán como un "arrebato", aunque se lo expliques con detalle. Así pues, sé decidido. Conseguirás de la vida lo que toleres. No discutas con ella sobre su berrinche.

Mira, los hombres son pensadores deductivos y racionales, las mujeres no. Por tanto, un siguiente suave te permite volver a la mesa con un límite establecido por ti. ¿Y si no le gusta? Enséñale la puerta.

Tu puerta principal debe estar siempre abierta si ella quiere irse, pero cerrada si intenta volver sin arreglar su problema.

Una mujer que siente un deseo genuino y ardiente por ti, y que se toma en serio lo de arreglarse a sí misma, hará el trabajo. Una mujer que no, se resistirá, te hará dudar de ti mismo, pondrá excusas y pondrá constantemente a prueba tus límites como hombre.

Bandera roja nº 18 - Tener el control del parto

Como hombre de hoy, una vez que tu esperma sale de tus pelotas, la mujer toma el 100% de las decisiones unilateralmente y, como consecuencia de ello, puede hacer de tu vida un infierno.

Si dejas embarazada a la mujer equivocada, podrías estar enganchado unos 20 años como su cajero personal. NUNCA,

JAMÁS confíes en una mujer con la que no estés en una relación de pareja debidamente investigada cuando te diga: "No pasa nada, entra dentro de mí, no puedo quedarme embarazada". Debes tener la certeza al 100% de que existe un método anticonceptivo eficaz. Ah, y que conste que las píldoras anticonceptivas no son suficientes.

Muchos hombres han dejado embarazadas a mujeres que decían tomar la píldora anticonceptiva, sólo para descubrir que ella "accidentalmente" se olvidó de tomarlas o ni siquiera las tomaba. Los preservativos (que luego tiras por el retrete), la vasectomía o el DIU son tus métodos anticonceptivos más fiables hoy en día. Recuerda, las mujeres mienten. Se llama control de natalidad por una razón, tenlo siempre bajo control.

Bandera roja n° 19 - Reinas del drama

Todas, no algunas, las mujeres ansían periódicamente alguna forma de drama. Si están aburridas y no hay problemas en vuestra relación, fabricarán indignación para ponerte a prueba y crear esas "sensaciones". Las reinas del drama eligen toperas al azar para convertirlas en montañas. También es otra forma de histeria.

Te garantizo que en algún momento te encontrarás con un drama con una mujer. Pero si aparece más de una vez durante los tres primeros meses de relación, o más de una vez a la semana durante vuestra relación a largo plazo, entonces te está diciendo que ese drama será algo habitual de por vida.

Abróchate el cinturón, amigo, te espera una montaña rusa si no te pones firme y utilizas un "siguiente suave" para mantener los límites.

La indignación fabricada es en realidad una prueba de mierda, y también se trata de poner a prueba tu marco como marco dominante en una relación. Recuerda que con todas las mujeres habrá drama en algún momento. Así que decide pronto lo que vas a tolerar y, lo que es más importante, lo que no. Los hombres alfa con muchas opciones tolerarán muy poco o ningún drama, los hombres inferiores con pocas opciones lo aceptarán tal y como venga.

Bandera roja n° 20 - Adicciones

La dependencia de cosas, actividades o sustancias es una gran bandera roja. Las mujeres que dependen del alcohol, las compras, las drogas, las redes sociales, los cigarrillos, las noticias o los reality shows, por poner algunos ejemplos, pueden ser muy problemáticas para un hombre que persigue la excelencia en su vida.

Las adicciones malsanas, si no se controlan, dominarán su vida, sus elecciones y sus conversaciones. Los adictos, por lo general, se vuelven autodestructivos. Si está afectando negativamente a su vida, entonces se ha convertido en una adicción malsana.

Una mujer adicta a un reality show televisivo hablará sin parar del drama sin sentido entre los personajes del programa. Los alcohólicos siempre están buscando su próxima copa, y cualquiera que haya salido con una mujer adicta a los antidepresivos sabe lo mucho que afecta a su peso corporal, su estado de ánimo y su deseo sexual.

No dejes que las mujeres hagan de sus problemas adictivos, tus problemas. Los hombres inteligentes no salen con mujeres adictas, no es tu trabajo salvarlas o curarlas.

Si han reconocido su adiccion, y estan trabajando en sus problemas con un profesional, bien, dejales. Pero mantenla a distancia como un plato hasta que haya mostrado un progreso genuino durante varios meses. Asegúrate también de que su personalidad adictiva no sustituye una adicción por otra.

Bandera roja n° 21 - No se deja guiar

Por supuesto, debes ser un hombre capaz de liderar en una relación, pero en nuestra actual era de "Boss Girl", las mujeres de hoy son más desagradables que nunca. La mayoría de las mujeres de hoy creen que los hombres no quieren un complemento femenino en su vida que sea agradable y placentero. El feminismo tóxico ha convencido a las mujeres de que un hombre de hoy quiere ser desafiado por su mujer fuerte y ferozmente independiente. A estas mujeres no se las puede dirigir, sea cual sea tu complexión o tu valor en el mercado sexual.

Discutirá contigo por cosas triviales y pondrá constantemente a prueba tu marco como hombre. Esto puede llevar al desprecio, y si empieza a insultarte, a mirarte a los ojos y a burlarse de ti, te mirará por encima del hombro. El desprecio es el predictor nº 1 del final de tu relación.

Si eres un hombre fuerte y desenvuelto, una mujer que no se deja llevar te hará la vida imposible y te robará la alegría. Busca frases hechas o hashtags obvios en sus publicaciones en las redes sociales, como #bossbabe #bossgirl #girlboss o #badbitch. Las jefas pueden ser divertidas para salir casualmente, con sus juguetonas insinuaciones, pero en una relación a largo plazo, un hombre fuerte quiere una mujer agradable y placentera, no una desagradable y mandona.

Conclusión

Como he dicho antes, puedes ignorar mis advertencias sobre estas banderas rojas e involucrarte con estas mujeres. Pero, en algún momento, tu vida se complicará y se volverá innecesariamente difícil.

Como hombre, te corresponde asumir la carga del rendimiento y perseguir la excelencia. En la vida, las mujeres pueden convertirse en un ancla o en una vela. Busca mujeres que sean un complemento para tu vida y que llenen con gusto tus velas de viento y limiten tus interacciones con anclas que te frenen en tu misión.

La cruda verdad

No lo olvides nunca:

- Es tu responsabilidad establecer, y siempre hacer cumplir, los límites que son significativos para ti.
- Nunca salgas con una madre soltera. Ni la madre ni los hijos te agradecerán nunca tus sacrificios.

- Si alguna vez una mujer se vuelve físicamente violenta contigo, debes salir inmediatamente de esa relación. Y si tienes hijos con ella, acude a un abogado lo antes posible.
- Si tu sentido arácnido te avisa y tu instinto te dice algo, por algo será. Escúchalo.
- Un hombre que persigue la excelencia y se hace un hueco en el universo tendrá opciones y amor propio para dejar a cualquier mujer que le complique la vida.

Informe de campo de Steve el de Contabilidad

Bueno, ¿por dónde empezar? Originalmente edité este capítulo en medio de un divorcio "menos que amistoso", de una "boss bitch" Doctora que agitó sus -muchas, muchas- banderas rojas justo en mi cara durante nuestros 16 años juntos (10 años casados y con dos hijos pequeños juntos), pero yo era un niño grande demasiado zombificado y completamente enchufado para verlas.

Yo ignoraba su cultura (sus padres eran originarios de algún lugar de Asia) y ella se rebelaba duramente contra sus normas culturales más tradicionales, ya que había nacido en Inglaterra. Su dinámica familiar estaba jodida, por no decir otra cosa, y yo ni siquiera sabía lo que eran los límites para tener alguno.

Está claro que no tomé nota de la abundancia de banderas rojas que se agitaban abiertamente ante mí porque, para empezar, ni siquiera sabía que eran banderas rojas.

Sin embargo, después de poner fin a nuestro matrimonio diciéndole que se había acabado (no hay muchas oportunidades que puedas dar a un mentiroso patológico cuando tienes hijos en común antes de tener que coger el poco respeto que te queda por ti mismo y marcharte), pasaron 18 meses antes de que hubiera aclarado lo suficiente mi propia mierda como para volver a salir y empezar a tener citas de nuevo.

Baste decir que el mercado de las citas (al menos a través de las aplicaciones de citas online) es un auténtico vertedero de todas las banderas rojas señaladas aquí, y más (en todas las principales aplicaciones de citas).

Aún recuerdo vívidamente mi primera cita con una nueva mujer desde que me separé de mi (ahora ex) esposa. Era 10 años más joven que yo, estaba en forma, era coqueta y le apetecía divertirse el mismo día. "¡Genial!", pensé. Pensé.

Volvimos a su casa y a partir de ahí empezaron a acumularse las mayores señales de alarma. La primera fue que quería que la estrangulara a los 30 minutos de empezar. Aunque esto era nuevo para mí (estuve con mi ex mujer 16 años y nunca lo hice), me abrí camino con toda la confianza que pude.

Lo que ocurrió en los siguientes encuentros, cada vez más intensos, fue una miríada de señales de alarma adicionales que culminaron en la cuarta visita a su casa. Había preparado una cena en su casa y, sin querer, mencioné que tenía hijos (los había mantenido deliberadamente fuera de mi perfil de citas, ya que sólo buscaba algo casual, así que nunca conocerían a mis hijos y, por lo que a mí respecta, no tenían por qué saberlo).

Parecía conmocionada y disgustada, e intentó encender la mecha. Me pidió que me fuera, así que le dije: "Claro, lo entiendo", e inmediatamente fui a ponerme los zapatos para marcharme. Dejó de llorar y me miró sorprendida preguntándome si realmente me iba. Ahí se encendió la luz de alarma. Entonces empezó a contarme una historia de cómo había pegado a un hombre que le había mentido antes y tenía un brillo de satisfacción en los ojos mientras me enseñaba lo que le había hecho.

Fue entonces cuando la 7ª Bandera Roja de Rich apareció de repente en mi cabeza, recordándola mentalmente al pie de la letra. Me levanté inmediatamente, le deseé lo mejor, pero le dije que no vería a nadie que pegara intencionadamente a un hombre sólo porque "le mintió". La tenía bloqueada en WhatsApp y en mi teléfono antes incluso de salir de su casa.

En mis primeros días de enchufe, en los que mi mentalidad de escasez era real, lo más probable es que hubiera ignorado algo así, ya que el sexo era -para ser franco- muchísimo mejor que el que tenía con mi exmujer (lo cual entiendo que es fácil de decir después de no haber tenido sexo durante los 18 meses anteriores). Creo que el refrán dice: "Loca en la cama, loca en la cabeza".

Sin embargo, me había tomado muy a pecho el contenido de este libro (y también me había estado viendo casualmente con otras mujeres al mismo tiempo), así que tuve el suficiente amor propio como para largarme de allí sin pensármelo dos veces.

Aunque algunas de las banderas rojas que se citan aquí pueden tener matices para que las tengas en cuenta a la hora de permitir o no que entren en tu vida (una decisión que sólo tú puedes tomar), la gran mayoría de ellas no deberían ser negociables para tener una vida más fácil y tranquila.

Gracias a este libro y a la comunidad de Rich, aprendí a valorar mi recurso más importante: mi tiempo. Y ahora lo protejo mucho más. Eso no significa que no cometa deslices en ocasiones. Pero ahora soy capaz de reflexionar sobre ello, ver dónde metí la pata y asegurarme de no volver a cometer los mismos errores.

Si ves que tu vida se "complica", es porque has permitido que así sea (y luego has intentado justificártelo). Sé más consciente de tus elecciones en la vida y verás que no es casualidad que tu éxito con las mujeres se multiplique por diez.

13

ENCONTRAR CHICAS ONLINE

Para mí es excepcionalmente importante abrir este capítulo afirmando que las mujeres nunca deben ser el centro de la vida de un hombre. Perseguir la excelencia, encontrar un propósito, llegar a ser competente en todos los ámbitos de la vida, hacer dinero y cuidarse a uno mismo deben triunfar sobre perseguir la cola. Siempre. Siempre. Siempre.

Recuerda, las mujeres guapas no son un recurso escaso. Los hombres valiosos que tienen su vida resuelta son el recurso escaso en el mercado sexual, no las mujeres guapas.

La cruda verdad sobre las citas online

Ahora que ya nos hemos quitado eso de encima, entiende que cuando utilizas aplicaciones de citas online, la baraja siempre está en tu contra si no estás entre el 20% de los hombres más valiosos.

Varios sitios de citas han publicado datos a lo largo de los años sobre cómo utilizan los hombres y las mujeres los sitios de citas online. Y han surgido algunos resultados sorprendentes que confirman lo que la píldora roja lleva décadas diciendo.

El 78% de las mujeres compiten por la atención del 20% de los hombres. Mientras que el 80% inferior de los hombres compite por el 22% inferior de las mujeres.

Confirmando la realidad de la naturaleza hipergámica de las mujeres en las aplicaciones de citas.

Lo que esto significa es que, si eres un hombre de alto valor (un 8 sobre 10 o más), tienes mucho donde elegir entre las mujeres de las aplicaciones de citas. Es absurdo decirlo, pero una mujer de 3/10 va a por un hombre de 8/10 o superior, y pensará sinceramente que tiene posibilidades de conseguirlo.

Si eres un hombre 7/10 o inferior, básicamente estás compitiendo por las sobras. Así que, de nuevo, por eso es vital que los hombres comprendan que perseguir la excelencia, y no a las mujeres, siempre será tu mejor ROI (rendimiento de la inversión) en la vida.

Los sitios y aplicaciones de citas están llenos de mujeres con demasiados derechos y malcriadas. Muchas poseen un sentido exagerado de la autoestima y, para colmo, la inmensa mayoría son madres solteras y muchas de ellas intentan vender que el hecho de que tú críes a sus hijos es que ellas aportan valor a la relación.

Cómo evaluar tu valor

Soy un gran fan de obtener un ROI (rendimiento de la inversión) en todos los ámbitos de la vida. Así que, sabiendo ahora cómo utilizan las mujeres las aplicaciones de citas, podemos abordarlo desde un ángulo informado, lo que nos dará mejores resultados. Se trata de un proceso de dos pasos.

El primer paso es una autoevaluación brutalmente honesta. Mírate bien a ti mismo y a tu vida, y califícate en una escala del 1 al 10. El 10 es la mejor versión de ti mismo. Siendo 10 la mejor versión de ti mismo y 1 la peor. No te compares con un actor de Hollywood ni con un multimillonario. Pregúntate a ti mismo: "¿Soy la mejor versión de mí mismo?".

Ten en cuenta lo siguiente para tu edad: Tu trabajo, tu riqueza, tu autocuidado, tu físico, tu aspecto, tu estilo, tu red de contactos, tus aficiones, si tienes hijos, lo convincente que eres, tu coche y tu casa. El capítulo "Los siete parámetros de un hombre de alto valor" cubre la mayor parte de esto.

Estas áreas importan a las mujeres, así que sé completamente sincero contigo mismo.

Ahora que te has clasificado, entra en la aplicación de citas que elijas, y configúrala para ver cómo es la experiencia femenina en tu rango de edad y ubicación, pero configúrala como "Mujer busca Hombre".

Ahora estás viendo a tu competencia. Esto te ayudará a comprender a qué te enfrentas. Ahora utiliza este nuevo conocimiento de tu competencia para hacer una corrección de tu evaluación del valor sexual de mercado, si lo necesitas.

Si tienes un valor de 6/10 o inferior, entonces te desaconsejaría utilizar aplicaciones de citas. En su lugar, te animaría a redoblar tus esfuerzos y hacer el trabajo necesario para aumentar tu valor en el mercado sexual.

Si eres un 7/10, lo vas a tener más difícil. Por tanto, una buena fotografía puede ser un ecualizador para mejorar la óptica de tu valor un punto por encima. Sin embargo, no confíes en la fotografía trucada, aún te queda trabajo por hacer.

Si tienes un 8/10 o más, enhorabuena, ya has hecho parte del trabajo. Sigue trabajando en ti mismo y disfruta siendo uno del 20% de hombres que tienen mucho donde elegir en las aplicaciones de citas.

Cómo obtener resultados

Hay tres partes para hacerlo bien con el juego online (después, todo pasa en la vida real):

1. La fotografía.
2. Biografía.
3. Mensajes.

FOTOGRAFÍA

Podría decirse que la fotografía es la parte más importante. En aplicaciones de emparejamiento como Tinder o Bumble, es el factor principal que determina en qué dirección deslizará el dedo. También es el área en la que puedes crear la ilusión de un SMV uno o dos puntos superior si lo haces bien.

Es esencial que contrates a un fotógrafo para que haga fotos para las aplicaciones de citas o la prueba social.

Hay un exceso de oferta de fotógrafos jóvenes que puedes contratar por unos cientos de dólares en los anuncios clasificados de tu localidad, durante dos horas para hacer una sesión de fotos profesional.

Para sacarle el máximo partido, lleva tres conjuntos diferentes, pero que te queden bien, y pide al fotógrafo que seleccione algunos lugares adecuados en los que esté familiarizado con la fotografía. Asegúrate de presentarte con un aspecto impecable y un corte de pelo nuevo, y deja que hagan su magia. Muchos hombres han mejorado significativamente sus resultados con las mujeres en las aplicaciones de citas con el uso correcto de una fotografía de calidad superior.

Una vez que tengas tu colección de fotos llamativas, el siguiente paso es utilizar un sitio en el que mujeres reales valoren tus fotos a efectos de citas.

En el momento de escribir este libro, Photofeeler es la mejor plataforma disponible para obtener opiniones auténticas de mujeres reales.

Cómo subir de nivel tus fotos

Una vez que hayas reducido tus tres mejores fotografías profesionales (basándote en las tres mejores valoraciones de un sitio de valoraciones), puedes detenerte ahí si quieres. Sin embargo, a menudo ayuda incluir las siguientes tres composiciones adicionales en tu perfil. Éstas son: La foto del "grupo de amigos", la foto "misteriosa" y la foto "¡Aww!".

La foto del "grupo de amigos" es directa y está diseñada para establecer inmediatamente un alto valor a través de la prueba social. Conseguirás puntos extra si tu círculo de amigos parece exitoso, establecido y parece el tipo de gente y círculo social con el que ella quiere estar.

Básicamente le estás diciendo: "Oye sexy, si sales conmigo, conocerás a estas leyendas y te juntarás con mi gente". Por ejemplo, una foto de grupo en un yate siempre te irá mejor que una foto de grupo en un parque de caravanas, rodeado de hombres de poco valor. Así que sé intencionada al seleccionar una foto de "grupo de amigos". Esta es otra razón por la que es increíblemente importante rodearse de ganadores en la vida.

La foto misteriosa es una de mis favoritas, porque cafeiniza al hámster en su cabeza y hace volar su imaginación. Siempre es una foto en solitario y es mejor hacerla al amanecer o al atardecer, con la luz detrás de ti y tu imagen como una silueta a contraluz.

La siguiente foto mía es un buen ejemplo y se tomó al amanecer en un complejo turístico de México. Funciona bien porque se ve claramente mi físico, el "estrechamiento en V" y porque estaba disfrutando de un momento natural en la piscina. El hecho de que también esté medio desnuda hará que su mente se ponga a fabricar ideas.

Dale algo misterioso en lo que pensar.

La foto "¡Aww!" es algo que le tocará un poco la fibra sensible y lo ideal es que sea una foto tuya con una mascota. No hace falta que sea tu mascota, pero los perritos bonitos son, con diferencia, el mejor accesorio para esta foto.

Aléjate de los gatos o de un niño (aunque no sean tus hijos). La única vez que sugeriría niños para este tipo de foto es si estás construyendo una escuela en una isla del Caribe después de un huracán (y estás rodeado de niños que obviamente no son tuyos).

Incluso si eres padre soltero, te desaconsejaría publicar fotos tuyas con tus hijos. Te guste o no, las mujeres son inherentemente solipsistas, y se interesan por lo que pueden beneficiarse de estar contigo. Si en una foto indicas a las mujeres potenciales que eres un padre con hijos a cuestas, es muy poco probable que eso te beneficie. Las mujeres no piensan: "oh, estoy deseando criar a los hijos de otra mujer", así que deja esos detalles para más adelante.

Tu biografía

La sección de la biografía (o biografía) es mucho menos importante que las fotos. Pero aún así merece la pena cubrirla desde la perspectiva de lo que no hay que hacer.
No te entretengas ni utilices toda la extensión del personaje. A decir verdad, a ella ni siquiera le importa tanto, y ya ha tomado el 98% de su decisión sobre emparejarse contigo basándose en las fotos que ha visto. El objetivo de la biografía es cafeinizar un poco más al hámster de su mente y despertar su curiosidad por ti.
Sabemos que las mujeres son hipergámicas y solipsistas. Por tanto, lo único que tu biografía tiene que transmitir es que eres su mejor opción (de las muchas que tiene a su disposición), y que hay algo para ella.
Mi biografía típica sería:

> *1,90 m, empresario de éxito que hace mella en el universo. Gran círculo social de amigos y aventurero, busco una belleza femenina que se una a mí.*

Eso es todo lo que necesitas. Dice que soy alto, que gano dinero, que tengo una red impresionante y que no soy aburrido. La parte de "hacer mella en el universo" debería hacer que te preguntara si está muy interesada en ti. La parte de "únete a mí" le hace saber de entrada que está entrando en mi marco.
Con las mujeres, puedes hacerles casi lo que quieras, pero no las aburras.
Algunos tíos utilizan frases ingeniosas como "Como mi camisa, estoy hecha de material de novio". Y aunque eso pueda parecer inteligente, la verdad es que resulta un poco desesperado. Haz que las mujeres merezcan tu tiempo, no al revés.

Enviando mensajes

Ya tienes coincidencias; ahora hablemos de los mensajes. La inmensa mayoría de los hombres se equivocan totalmente al enviar mensajes. El objetivo de comunicarse en una aplicación de citas es descartar a las manipuladoras que pierden el tiempo y conseguir su número para concertar una cita.

Eso es. El mayor error que cometen los hombres es perder el tiempo "conociéndola". Eso no es lo que ella quiere. Tampoco quieres perder el tiempo chateando con alguien que no se parece en nada a sus fotos, sólo para decepcionarte en persona. Si eres un hombre 8/10 o mejor, ella quiere conocerte.

Ten en cuenta que muchas mujeres utilizan las aplicaciones de citas sólo para obtener una fugaz validación social de los hombres. Ignorarán, o dejarán de hablar a cualquier tipo por el que sientan poco deseo, incluso si anteriormente hicieron match contigo.

Tu primer mensaje para ella debería ser algo juguetón como "Parece que podrías dar problemas".

Hazle esta pregunta para establecer su nivel de interés. Una mujer con un alto nivel de interés responderá e interactuará contigo, preferiblemente con una pregunta sobre por qué has dicho eso, con alguna broma juguetona o preguntando por tus impresionantes fotos.

Si no hace preguntas, responde de forma notablemente breve o tarda mucho en responder, no le interesas.

Si te hace preguntas, sé algo vago en tu respuesta. Recuerda que quieres que te califique, así que sé curioso. A las mujeres les encantan los hombres excitantes y misteriosos, así que no te presentes y le sueltes verbalmente toda tu información más interesante antes de conocerla.

En mi caso, las mujeres intentan establecer qué tipo de empresario soy o qué negocios dirijo. No porque le interese el negocio, sino para saber cuánto gano dirigiéndolo. Puede que me pregunte por mi negocio, o qué mella hago en el universo. A lo que yo solía responder "Soy consejero de una empresa nacional de servicios financieros, inversor inmobiliario y hago mis propias inversiones en capital privado". Todo eso es cierto, pero la mayoría de las mujeres no entienden qué significa, aparte de que soy importante y, de nuevo, que gano dinero.

Después de soltar esa bomba, suelo continuar con: "¿Y a qué te dedicas?". No porque me importe especialmente, sino para establecer inconscientemente que mi VMS es superior al suyo.

Cuando hayáis intercambiado unos cuantos mensajes, envíale un mensaje con: "Hoy estoy ocupada y no suelo estar aquí, pero ¿cuál es tu número? Quedemos para vernos pronto".

Si le gustas, te dará su número. Si no, te dará una excusa. Siempre es una cosa o la otra. El medio es el mensaje, caballeros.

Además, no tomes sus redes sociales como sustituto de un número de teléfono. CONSIGUE. SU. ¡TELÉFONO! Las mujeres quieren un hombre que tome el control y organice la cita, y tú necesitas un número para hacerlo.

Si te ofrece seguirla en las redes sociales, rechaza inmediatamente la oferta. Quiere que seas uno de sus cientos de betas sedientos que orbitan a su alrededor allí, dándole validación social y atención gratuita. Estás en una aplicación de citas para tener citas, no para convertirte en su doce milésimo primer seguidor en las redes sociales.

Si te dice que apenas te conoce y que quiere charlar más en la aplicación, dile que eres un tipo ocupado, y que sólo estás ahí para tener citas en la vida real. No estás ahí para acumular amigos por correspondencia. Las mujeres que dicen esto no tienen un auténtico deseo ardiente por ti, sólo te ven como una alternativa si sus otras opciones, más preferibles, no funcionan.

De nuevo, si siente verdadero deseo por ti, te dará su número. Cuando lo haga, envíale un mensaje en el plazo de un día y concertad una cita. De lo contrario, deja de buscarla y sigue adelante.

La cita, también conocida como "La prueba del olfato"

Tu primera cita con ella debería ser de una hora o menos, y nada más que una copa o un café.

El objetivo de la prueba del olfato es:

1. Ver si se merece tu tiempo.
2. Determinar si siente verdadero interés por ti.

El coste total no debería ser tan elevado. Tú pagas siempre y no repartas la cuenta de una bebida: parecerás un perdedor. Mi primera cita preferida sería tomar un café y luego dar un paseo por algún espacio público, como un parque o una ruta de senderismo.

Quieres que se sienta cómoda. Sin embargo, también querrás verla bien, ya que la mayoría de las mujeres de hoy en día utilizan fotografías antiguas, filtros o incluso retocan sus fotos, por lo que rara vez tienen mejor aspecto en persona.

Si es de día, queda con ella en una cafetería, tomad vuestras bebidas y luego buscad un camino al aire libre. Si es por la noche, queda con ella después de las ocho para tomar una copa, para que no espere una cena gratis, y luego charlad en un patio o bar.

Si no conoce la zona para una cita, envíale un enlace al mapa de Google del lugar para que pueda encontrarlo sin problemas. Tú diriges y determinas el lugar de la cita, no ella.

A menos que estés en su zona por negocios o de viaje, dile siempre que se reúna contigo a mitad de camino. Cuanto más tenga que viajar ella, y menos tengas que hacerlo tú, es preferible para ti por dos razones:

1. Te ahorra tiempo.
2. Pone a prueba su deseo ardiente.

Una mujer con un fuerte deseo por ti conducirá dos horas hasta tu casa en una primera cita. Entonces se arrodillará encantada en la puerta sin decir una palabra (siguiendo tus instrucciones) y te hará la mejor mamada de tu vida.

Hazme caso. No vayas corriendo a su puerta para tener citas. Si insistes en que te desplaces hasta ella, te está diciendo de entrada que no siente ese auténtico deseo ardiente por ti y que sólo te ve como una opción, no como una prioridad.

Cada nuevo encuentro debe comenzar poniéndote de pie con una gran sonrisa, incluyendo un breve apretón de manos o, si te sientes inclinado y cómodo, acercándote a ella para darle un breve abrazo. A continuación, hazle un gesto para que se siente, si es un local nocturno, o para que se ponga en la cola de los pedidos, si vais a tomar un café y vais a salir.

A algunos ligones empedernidos les gusta ir agresivamente a por un polvo el mismo día. Y, aunque a veces tengas éxito, mi preferencia es hacer sólo una "prueba de olfato" con ella. Sólo para ver si merece la pena volver a verla y para comprobar si hay una conexión auténtica o no.

Cuando pase la hora, acompáñala a su coche, Uber o transporte público y, si hay conexión, hazla entrar para darle un abrazo y/o un beso breve y hazle saber que estarás en contacto. Si no hay conexión, despídete y déjalo así. No le debes ninguna explicación.

Echar un polvo e hilar fino

Las mujeres de hoy son más promiscuas que en cualquier otro momento de la historia. La intimidad sexual debería producirse entre la segunda y la tercera cita por tres razones:

1. Dejas claro que tienes un interés genuino en su atención sexual y que no te interesa ser sólo un amigo.
2. Quieres asegurarte de que existe una buena conexión sexual.
3. El sexo es increíble.

Algunos chicos podrían argumentar que es demasiado pronto, o que esperarán "a la chica adecuada". A menos que ella proceda claramente de una buena familia, y sea virgen, estoy aquí para decirte que ésta es la forma equivocada de enfocarlo. No lo olvides nunca: Las mujeres rompen las reglas para los alfas y las hacen para los betas.

Si una mujer está encantada de acostarse con el tío bueno de la fiesta del cañón de espuma en Ibiza a los 15 minutos de conocerlo, ¿por qué deberías esperar tú ocho citas?

A menos que seas amish, todas las mujeres modernas de hoy

en día que aparecen en las aplicaciones de citas se han enrollado con muchos tíos antes, así que no pienses ni por un minuto que es la Virgen María.

A algunas personas les gusta argumentar que hay "chicas buenas" con las que deberías esperar para intimar. La verdad es que la única diferencia entre las chicas buenas y las malas es: A las buenas todavía no las han pillado.

La mejor forma de facilitar la intimidad sexual es empezar con tus mensajes previos a la próxima cita. Deja claro que te interesa su atención sexual. Los hombres que se hacen los "buenos" son los que las mujeres "tratan como amigos", y no consiguen más que atención no sexual.

Cuando las mujeres sienten verdadero deseo, te enviarán fotos provocativas sin que se las pidas. Otras veces tendrás que solicitarlas tú. Otras mujeres puede que no envíen fotos picantes en absoluto, pero entablarán abiertamente una conversación picante contigo. No te muestres desesperado, pero sub comunica que la deseas. En cualquier caso, tras la primera cita, también conocida como "la prueba del olfato", debe quedarle muy claro que te interesa su atención sexual, y debe ser mutuo.

Si no es así, y ella quiere "conocerte primero" porque tiene normas, recuerda que las mujeres rompen las normas para los hombres alfa, y las crean para los betas. Nunca obtendrás lo "mejor" de ella si te ve como un beta, pero dará lo mejor de sí a Chad Thundercock en la primera cita. Mi opinión es que nunca salgas con una mujer si te trata como a un beta, ya que siempre se resistirá a ti.

Lo ideal es fijar la cita sexual para una noche, y recibirla en tu casa. Si bebe, ten una selección de vino o vodka en tu casa. Si no tienes casa propia, tendrás que ir a la suya. O, si eres más joven y aún estás con tus padres, sáltate la bebida, y tener un coche con cristales tintados siempre es útil.

Para llegar al sexo, tienes que sentirte cómodo y tener confianza en la escalada. La música es genial para crear ambiente, yo utilizo cualquier lista de reproducción sexy que esté de moda en una aplicación de música popular. Puedes aumentar la tensión sexual invitándola a un baño caliente o a la sauna, si tenéis, o simplemente empezar tocándoos y besándoos. Si ella te corresponde con calidez, intensifica la relación y pasa a caricias más intensas, que deberían conducir al sexo.

Controla siempre la natalidad

Como hombre, debes tener siempre el control del parto. Una vez que tu esperma abandona tu cuerpo, ya no tienes capacidad de decisión para interrumpir un embarazo. El gobierno te obligará a pagar la manutención del niño, aunque no lo quieras.

Ahora todo el control lo tiene la mujer. Así que ten siempre preservativos a mano; no te "folles" a una mujer (por muy cachondo que estés). No puedes confiar en su promesa de estar libre de enfermedades, ni en un método anticonceptivo fiable. Las mujeres mienten, y mienten a menudo.

También debes tener a mano un "Plan B" por si se rompe un preservativo. El "Plan B", más conocido como píldora del día después, es eficaz. Es un comprimido oral que ella toma y que desencadena muy rápidamente su menstruación, eliminando el riesgo de que tu esperma fecunde su óvulo. Estos comprimidos individuales suelen comprarse en el mostrador de la farmacia, sólo tienes que pedirlos.

Si tienes un accidente, asegúrate de que toma la píldora del día después delante de ti, y así sabrás con certeza que se la ha tragado. Se sabe de mujeres que las toman en el cuarto de baño con la puerta cerrada, y simplemente la escupen en el retrete o en la basura si desean tu semilla lo suficiente.

Una vez más, no puedo hacer suficiente hincapié en esto: ten siempre el control del parto, no confíes en la palabra de una mujer. Como dice el refrán, más vale prevenir que curar.

Si tu relación con ella dura más tiempo y te hartas de los preservativos, quizá debas considerar otras formas de control de la natalidad, como el DIU. Sin embargo, te desaconsejo encarecidamente que confíes nunca en que ella tome una píldora anticonceptiva, o cualquier otro anticonceptivo oral.

Los embarazos "sorpresa" suelen deberse a que se olvida o no toma intencionadamente los anticonceptivos. Los DIU suelen considerarse eficaces en más de un 99%, y no puedes "olvidarte" de tomarlo, siempre está ahí...

Hay píldoras anticonceptivas masculinas que están siendo sometidas a ensayos clínicos en el momento de escribir este libro, y los estudios revelan que funcionan comprometiendo tus niveles de testosterona para hacer que tu esperma sea ineficaz. ¡NUNCA utilices esta forma de anticoncepción masculina! Te volverás débil, poco atractivo y feminizado. Es una píldora que básicamente te convierte en un viejo infértil. O bien ponle un DIU, usa preservativos o hazte una vasectomía si no tienes absolutamente ningún interés en tener hijos.

La cruda verdad

No lo olvides nunca:

- El 80% de las mujeres sólo se interesan por el 20% de los mejores hombres en Internet. El otro 80% de los hombres que son invisibles para ellas se quedan luchando por el 20% inferior de las mujeres de VMS superbajo.
- Sé completamente honesto con tu propio valor personal y márcalo en consecuencia. Concéntrate en desarrollar estas áreas antes de volver a entrar en el mercado sexual.
- Destaca entre la multitud invirtiendo en fotografía profesional. En serio. Te reportará beneficios, créeme.
- Los mensajes de texto son sobre todo para la logística. Por supuesto, empieza con algo divertido y coqueto para que ella se apoye en ello. Cuando te haga preguntas, haz que acepte una cita cuanto antes.
- No te empeñes en intentar acostarte con ella en la primera cita. Es más importante investigarla en busca de banderas rojas potencialmente serias (como ver cómo responde si le dices "No" con una sonrisa en la cara). Nunca metas la polla a lo loco.
- Por último, ten SIEMPRE el control del parto. Sin

excepción. Demasiados, demasiados hombres ya han sido engañados por mujeres con "rabia por el bebé". No permitas convertirte en uno de ellos.

Informe de campo de Steve el de Contabilidad

Como alguien que salió de una relación de 16 años (que, irónicamente, empezó a través del sitio de citas Yahoo allá por 2004), entrar hoy en el mundo de las aplicaciones de citas fue muy... perspicaz (por no decir otra cosa).

Me mantuve deliberadamente alejado de las citas durante 18 meses después de separarme de mi ex mujer, ya que pensaba que era fundamental trabajar primero en mi propia mierda (muchas gracias a Rich por centrarme en perseguir la excelencia por encima de las mujeres).

Mi ex mujer se iba a llevar a nuestros hijos a su primer viaje al extranjero sin mí, así que decidí aprovechar al máximo esas dos semanas sin mis hijos yendo a todas las aplicaciones de citas importantes al mismo tiempo. Ten en cuenta que mido 1,70 m y llevo un corte de pelo al rape del número 1. Es cierto que estoy en la mejor forma de mi vida (y ahora me visto mucho mejor para resaltar mi físico mejorado), pero definitivamente no soy Giga-Chad de 1,80 m.

Muy pronto aprendí la dura lección de no perder el tiempo escribiendo introducciones biográficas para impresionar a la mujer.

En lugar de eso, he creado una introducción que funciona muy bien, para mí. Simplemente les pregunto si tienen una reacción alérgica a mi acento, seguido de un emoticono de guiño. Es un abridor único, mi teléfono ya lo tiene guardado en escritura automática, e inmediatamente me permite investigar a aquellas mujeres que:

1. Tienen sentido del humor.
2. Revelen cuánto les gusta mi tipo de acento (un barómetro del deseo, por así decirlo).

Luego puedo basarme en su respuesta con el objetivo de conseguir su número en un plazo de 10 mensajes para concertar una cita.

También contraté a un fotógrafo profesional y fui a Londres para la sesión de fotos. Luego encontré algunas fotos mías tomadas en algunos acontecimientos deportivos a los que asistí y puse las mejores para que las valoraran.

Después elegí la mejor foto de "acción/competencia" de la clasificación (yo encabezando el pelotón de carrera durante un acontecimiento deportivo con una enorme sonrisa en la cara), añadí algunas más y luego retoqué el propio mensaje de presentación de Rich para que se adaptara más a mí y a mi personalidad.

Creo que es justo decir que conseguí demostrarme a mí mismo que estaba claramente en el 20% de los mejores hombres a nivel local, ya que no sólo tuve un número suficiente de matches, sino que tuve la totalidad de esas dos semanas repletas de citas con muchas mujeres diferentes (algunas con dos citas el mismo día).

Sin embargo, permíteme ser franco y honesto. No me acosté con 9/10 supermodelos suecas (pero también me deslicé a la izquierda en el 90-95% de los perfiles que vi, así que sólo me deslicé en las mujeres que me parecieron realmente atractivas).

Rápidamente acepté que el mercado local de citas en el que me encuentro dictaba cuáles eran mis opciones (por las respuestas que recibía) y agradecí la oportunidad de perfeccionar mis habilidades tanto dentro como fuera del dormitorio, y también de tomar esos datos como prueba de que aún me queda trabajo por hacer si quiero atraer a las "9 y 10". Por lo que a mí respecta, todos ganamos.

También aprendí muy pronto a tomarme los rechazos como algo bueno (en lugar de tomármelos como algo personal). Cuando me rechazaban, o la pareja se desentendía de mí, internamente les agradecía que respetaran mi tiempo retirándose pronto de la ecuación. Los fantasmas, los abandonos, todas esas mierdas ocurren. Forma parte literalmente de las citas modernas.

Tu trabajo consiste en tener una mentalidad de abundancia tan fuerte y genuina que no te afecte en absoluto. Tienes que ser capaz de encogerte de hombros y seguir persiguiendo la excelencia, independientemente de quién sea el fantasma o de quién acabe en tu cama.

Mierda, tener una mentalidad de escasez es realmente tóxico (y, mirando atrás, fue la razón principal por la que elegí con quién me casé). Haz todo lo posible por mantener una mentalidad de abundancia en todos los aspectos de tu vida, y verás que tu salud mental y emocional cosechará verdaderos beneficios.

Tras más o menos un año utilizando las aplicaciones principales, tuve más que suficiente de locas travesuras en el dormitorio con numerosas mujeres diferentes. Incluso tuve que dejar marchar a varias mujeres porque querían más de lo que yo estaba dispuesto a ofrecerles (o porque intentaban retener el sexo a cambio de exclusividad; a esas les enseñé la puerta inmediatamente). Mi visión de cómo quiero vivir mi vida como hombre libre es absoluta.

Ten en cuenta que, si eres soltero y te deslomas trabajando -de verdad- trabajando para mejorar cada aspecto de tu vida (aunque sólo sea un día cada vez), pronto empezarás a destacar entre el mar de simios y hombres demasiado perezosos para hacer cualquier tipo de trabajo. Y lo digo de verdad.

Recuerdo haber visto el perfil de Tinder de la primera mujer con la que tuve una cita a través de la aplicación (véase el capítulo 21 Banderas Rojas para saber cómo acabó aquella escapada). Tenía curiosidad por ver cómo era la competencia local, así que vi cómo me mostraba su perfil con más de 1.300 me gusta. Y llegaron otros 25 -en tiempo real- mientras ambos lo mirábamos (a las 2 de la madrugada de un sábado).

Los perfiles de mi "competencia" eran -para ser franco- jodidamente atroces. Fotos de mierda en abundancia, sobrepeso, estilo de mierda y una incapacidad para mantener siquiera una conversación básica que fuera remotamente estimulante. Reconoció abiertamente que no tenía tiempo para abrir ni una fracción de esos likes, y de los que sí tenía, apenas ninguno le atraía en absoluto.

Tal y como están las cosas, la única aplicación de citas que utilizo ahora mismo es Facebook, ya que ofrece menos tonterías (y una mejor calidad de mujeres) donde vivo en el Reino Unido. Sin embargo, confío al 100% en mi capacidad para volver a utilizar otra aplicación de citas (o dos) y conseguir varias citas en uno o dos días.

En los tiempos que corren, los hombres que buscan la excelencia y pueden subcomunicarla a través de un perfil de citas bien presentado (y que también pueden mantener una conversación interesante en línea), son un bien muy escaso. Muy raro.

Ignora a los agoreros que dicen que "debes medir más de 1,80 m" para salir con mujeres por Internet. UNA mujer me ha dicho abiertamente que no saldría conmigo por mi altura (a través de una aplicación de citas). UNA. Mido 1,70 y soy calvo. Y sin embargo, hoy puedo conectarme y conseguir citas (y echar un polvo) si quiero. Porque estoy haciendo el puto trabajo de mejorar toda mi vida. Y las mujeres pueden ver el valor de que les estés subcomunicando cómo te comportas.

No congeniarás con todo el mundo. No pasa nada. Te ignorarán y rechazarán. Tampoco pasa nada. Sigue trabajando en ti mismo, mejora tu perfil con los consejos de Rich y aprende de los errores. Realmente funciona.

14

MADRES SOLTERAS

En el capítulo 21 Banderas Rojas, traté varias señales de advertencia que los hombres deben tener en cuenta con las mujeres. Sin embargo, este libro no ofrecería una hoja de ruta útil para los hombres si no cubriera la parte del porqué. Explicaré por qué una relación con una madre soltera suele invitar al drama y a una complejidad innecesaria en la vida de un hombre.

He mantenido más de mil llamadas de coaching con hombres, y el denominador común que aparece una y otra vez es que los hombres complican drásticamente su vida al invitar a madres solteras a ella.

Ahora bien, no todas las madres solteras son malas noticias. Pero la realidad es que aportan muchos problemas a la vida de los hombres que las mujeres sin hijos simplemente no aportan.

Cuando me divorcié a los 39 años, tras siete años con la misma mujer, tenía la custodia compartida de mi hijo pequeño, e hice lo que suelen hacer la mayoría de los hombres en esa situación. Miré a mi alrededor y descubrí que la mayoría de las mujeres de mi edad tenían hijos.

La mayoría tenía varios hijos y, a veces, cada hijo era de un padre distinto.

Me relacioné con una madre soltera casi de inmediato. También se había divorciado recientemente, era guapa, estaba en forma, sabía cocinar, se había hecho el típico aumento de pecho tras el divorcio y tenía dos hijos que tenían siete y diez años cuando los conocí. Si quieres saber más sobre mi experiencia personal, busca en YouTube "Entrepreneurs in Cars" y "por qué los hombres no deberían salir con madres solteras".

Algunos hombres argumentarían por experiencia que hay docenas de problemas derivados de las relaciones con madres solteras. Sin embargo, sólo voy a centrarme en los cinco que he visto con más frecuencia.

Son, sin ningún orden en particular:

- Cornudez,
- Responsabilidad sin autoridad,
- La mentalidad de víctima,
- Cuestiones financieras,
- Y Re-priorización.

Cornudez

Cuando asumes la carga económica, parental y emocional de criar a los hijos de otro hombre, eres, por definición, un cornudo. Algunos hombres argumentarían que si ella es viuda, o él era un padre moroso que desapareció de sus vidas, hay una excepción. Pues no la hay.

Independientemente de cómo quieras racionalizarlo en tu cabeza, sigues siendo un cornudo.

La sociedad actual fomenta y celebra la cornudez. A menudo verás artículos titulados: "Argumentos para ser un cornudo". La verdad es que no hay nada que celebrar.

No adoptan tu apellido, y definitivamente no poseen tu legado genético para transmitirlo. Estos dos puntos han sido históricamente los mayores argumentos de venta de la paternidad para los hombres. Para la mayoría de los hombres, esto es suficiente para imponer una firme norma de "no pasar" a las madres solteras. Pero muchos hombres siguen ignorando el problema evidente y es porque carecen de mejores opciones debido a sus propios valores y creencias limitados.

Para colmo de males, la inmensa mayoría de las veces las

mujeres obtienen la custodia principal de sus hijos, mientras que los hombres no. Así que, si eres padre divorciado, puede que acabes dedicando más tiempo a la crianza, educación e inversión de recursos en los hijos de otro hombre que en los tuyos propios.

Responsabilidad sin autoridad

Involucrarte con una madre soltera a menudo significa que te encontrarás en una posición en la que tienes las mismas responsabilidades parentales que un padre biológico, pero sin la autoridad de un padre.

Poco después de presentarte a sus hijos, esperará que "des un paso al frente" y asumas las tareas parentales.

Suele empezar saliendo a cenar, y ella lleva a sus hijos por primera vez. Es entonces cuando se espera que demuestres que también puedes mantener a Billy y Bobby. Tendrás la responsabilidad paterna de los cumpleaños, los viajes, las vacaciones, los viajes de esquí, la enseñanza de habilidades masculinas, la playa, y la lista continúa.

Ocuparás el lugar de "papá" y tus recursos económicos serán sin duda bien recibidos. Pero, en algún momento de una queja, también acabarás oyéndoles decir algo como "¡Tú no eres mi padre! No puedes decirme lo que tengo que hacer!".

Serán "nuestros" hijos cuando ella te necesite. Sin embargo, serán "sus" hijos cuando necesites disciplinarlos o imponer límites sanos.

Curiosamente, si eres padre soltero, aprenderás que cuando tus hijos necesiten algo, nunca serán "nuestros", sino selectivamente "tuyos". Sin embargo, la mayoría de los hombres descubren que las mujeres quieren autoridad sobre sus hijos, sólo que sin la responsabilidad que conlleva.

La mayoría de los hombres acaban oyéndola decir algo que refleja la mentalidad de: "Ni mi mono, ni mi circo". Hay una razón por la que algunos niños que han crecido con una madrastra la llaman "Monstruo".

Si el hecho de que te esté convirtiendo en un cornudo de hombre no es suficiente para hacerte cuestionar tu elección de involucrarte con una madre soltera, entonces espera tener responsabilidades, pero con cero autoridad. Mientras que, a menudo, ella misma asumirá poca responsabilidad, sin dejar de buscar autoridad.

La mentalidad de víctima

Las mujeres son solipsistas por naturaleza (al fin y al cabo, lo llevan dentro). Sin embargo, las madres solteras se enfrentan a una gimnasia mental especial que racionalizan como normal. Pero, en última instancia, todo se reduce a que adoptan una mentalidad de víctimas.

A menudo alardean en las redes sociales de que son fuertes, independientes y "no necesitan a ningún hombre". Al mismo tiempo que recurren al gobierno para que les dé limosna, y/o al padre o padres de sus hijos para que les ayuden económicamente.

Salí con muchas madres solteras que se quejaban del padre de sus hijos y a menudo las oía utilizar términos despectivos como: Perdedor, tonto, vago, beta o aburrido. Si les preguntaba por qué se habían casado con él o habían tenido hijos con él, su cara se volvía de piedra como diciendo: "¿Cómo te atreves a hacerme responsable de mis propias elecciones?".

Naturalmente, ella no era dueña de sus elecciones. Siempre estaba señalando y criticando a su ex marido, a su jefe, a su padre o al Presidente. Salvo raras excepciones, rara vez se miraba al espejo para responsabilizarse de sus resultados en la vida.

Aunque sólo he salido con mujeres de aspecto tradicionalmente femenino, nunca he conocido a una madre soltera que no fuera feminista.

Para identificarte como feminista, debes tener un opresor y, en lo que respecta a la lógica feminista, toda mujer está oprimida por defecto y es, por tanto, una víctima.

La mentalidad de víctima requiere que sea infeliz, desafortunada y oprimida. Cuando empecé a salir con estas mujeres, descubrí de primera mano lo mal que lo pasaban, según ellas, ella y sus hijos, y que siempre era culpa de los demás.

Sus hijos también adoptan esta mentalidad (porque los niños

aprenden naturalmente sus comportamientos de sus padres). Así que, si algo no sale como ellos quieren, manipularán emocionalmente a su madre y harán que se ponga de su lado para que se comporte como una malcriada. Aunque tuvieras razón y necesitaran que se les impusieran límites y disciplina.

A la mayoría de los hombres les encanta interpretar el papel de "Capitán Salva-una-Puta". Y, como a la mayoría de las madres solteras les encanta ser damiselas en apuros, los hombres están encantados de dar un paso al frente e intervenir para proteger "su honor".

Cuestiones económicas

Cuando se trata de dinero, las mujeres eligen trabajos que pagan menos que los hombres la inmensa mayoría de las veces. Aunque hay más mujeres que nunca en el mercado laboral, los hombres ganan la inmensa mayoría de la riqueza eligiendo profesiones mejor pagadas. La mayoría de los hombres descubren que las madres solteras gravitan hacia profesiones como: Enfermería, Enseñanza, Higienista Dental, Trabajo en Guarderías y Peluquería.

Pocas mujeres, especialmente las madres, aceptan trabajos difíciles con largas jornadas que paguen bien. Por eso, cuando salía con ellas, me resultaba difícil conocer a una madre soltera que ganara tanto como yo.

En su mayoría, no conducen coches modernos con garantía ni viven en casas sin hipoteca.

La mayoría de las madres solteras tienen deudas, problemas y, a menudo, tampoco tienen nada a su nombre (salvo los hijos que llevan a cuestas con el apellido de otro hombre).

Se te pedirá que pagues su vida y la de sus hijos. He tenido varias llamadas de coaching con hombres que pagaron las deudas de ella, compraron los coches de sus hijos y pagaron sus matrículas universitarias. Es habitual que los hombres enchufados se hagan menos, para que ella y sus hijos puedan ser más.

Repriorización

En general, los hombres son demasiado felices abandonando su propósito en la vida para cumplir el de una mujer. Por desgracia, cuando te involucras con una madre soltera, nunca serás su prioridad.

La mayoría de los hombres encuentran su lugar en un orden jerárquico por detrás: Las necesidades de ella, las necesidades de su hijo, sus problemas laborales, sus noches de vino con sus "hermanas", sus noches de salsa y luego su gato.

Si te relacionas con una madre soltera, es muy poco probable que alguna vez estés entre sus prioridades.

A menudo esperará que tus aficiones y pasiones sean menos prioritarias, para que ella pueda centrarse en las suyas. Hay un viejo dicho que llama a las mujeres "asesinas de sueños". La verdad es que la mayoría de los hombres que se meten en relaciones con madres solteras tendrán que cambiar sus prioridades por ella y sus hijos.

El GRAN riesgo

Salir con una madre soltera conlleva un riesgo que a menudo se pasa por alto, sobre todo si tienes una hija pequeña y ella tiene uno o más hijos varones. El mayor riesgo para las chicas jóvenes es ser violadas físicamente por familiares no consanguíneos de la familia. Esto es mucho más frecuente en las chicas, pero también les ocurre a los chicos.

Hay un cableado duro en nuestro ADN, en función de la supervivencia y para la diversidad genética, para evitar la actividad sexual con parientes consanguíneos. Por eso los hermanos y hermanas se repelen sexualmente entre sí.

Hoy en día, como consecuencia del aumento de las tasas de divorcio, hay muchas mujeres que han sido violadas o agredidas sexualmente por hermanastros o padrastros durante su infancia.

Este es un riesgo del que debes ser consciente si eres padre divorciado, más aún si tu ex mujer no es especialmente buena eligiendo hombres. Si invita a personajes a la vida de tu hija, con hermanastros de por medio, debes encontrar la forma de mantener esa conversación racional con la madre de tus hijos.

Cuando salir con una madre soltera -puede- tener sentido

A menudo me han desafiado a presentar una situación en la que salir con una madre soltera pudiera tener sentido. Sólo se me ocurre una.

Tú ya tienes hijos, así que te has asegurado el apellido y el ADN. Su hijo tiene más o menos la misma edad y sexo que el tuyo, por lo que pueden interactuar y relacionarse entre sí y, lo que es más importante, no hay riesgo de que ella sea violada.

Tu marco también infiere naturalmente un 100% de autoridad en la relación. Ella no es feminista, y asume la responsabilidad de su vida, y hace a sus hijos responsables ante tus normas. Es, como mínimo, económicamente igual a ti. Ella es un complemento de tu vida, y desde luego no el centro. También tendría que ser atractiva, tener un auténtico deseo ardiente por ti, y además llevarse bien con tu hijo.

Para serte sincero, creo que tendrías mucha más suerte encontrando a un duende con una olla de oro al final del arco iris, que encontrando a alguien que pueda cumplir cómodamente todas las condiciones. Así pues, mi consejo para los padres solteros, sobre todo si eres un hombre de alto valor, es que te centres en las mujeres sin hijos.

La cruda verdad

No lo olvides nunca:

- No quieres ser un cornudo. Puede que quieras de verdad a sus hijos "como si fueran tuyos". Pero, en última instancia, nunca jamás serán tuyos y tu linaje no continuará si no tienes hijos.
- Nunca jamás te respetarán de la forma que tú quieres que lo hagan. Aunque los hayas adoptado. Porque, en

lo más profundo de su ser, siempre sabrán que "No eres su padre".

- Aunque es una fría verdad que los hijos de una mujer siempre serán más prioritarios que tú, con las madres solteras, estarás aún más abajo en su lista de prioridades. Hasta que quiera algo de ti.
- La mentalidad de víctima, junto con dosis malsanas de vergüenza y culpabilización, es el método operativo de facto para las madres solteras. Si todo es culpa del padre biológico, y ella no puede admitir nada de lo que hizo para estropear la relación, puedes apostar el culo a que dirá lo mismo de ti al siguiente tipo.
- La inmensa mayoría de las violaciones sexuales son perpetradas por familiares cercanos. Si tienes una hija pequeña, te corresponde a ti asegurarte de que esté lo más segura posible y de que se sienta lo bastante cómoda como para contarte cualquier cosa. Así que prepara el terreno para que se sienta lo bastante cómoda como para confiar en ti cuanto antes.

Informe de campo de Steve el de Contabilidad

La gran mayoría de las mujeres con las que he salido (muy) casualmente han sido madres solteras. Sin embargo, les dejo muy claro desde el principio que nunca conoceré a sus hijos y que ellas tampoco conocerán a los míos. Si no les gusta, les deseo lo mejor y sigo con mi vida.

Por supuesto, estas mujeres con las que he estado saliendo casualmente han sido emparejadas en varias aplicaciones de citas de mi zona. Tiendo a encontrar más mujeres que no tienen hijos cuando salgo a hacer algo que me apasiona (que, para mí, parece ser en clubes nocturnos, en eventos nacionales de resistencia o en clases/fiestas de baile de salsa).

Ésta es (una de) las principales razones por las que la principal mujer con la que he estado saliendo (la que menciono en algunas ocasiones que siente un auténtico deseo ardiente por mí) no se convertirá en una LTR conmigo. Es simplemente una dinámica que no quiero añadir a mi vida y ella lo entiende y lo respeta completamente.

Levantaré la mano por el hecho de que, al principio, elegí la "el blanco más fácil" en Internet y me divertí mucho con muchas madres solteras divorciadas, ya que me permitió perfeccionar mis habilidades para las citas y la conversación, mi juego y mis habilidades en la cama mientras volvía a nivelar mi vida tras el divorcio.

Sin embargo, sólo lo hice porque sabía que mis límites y mi marco eran ahora de hierro fundido. Me había pasado los años trabajando en mi propia mierda para no repetir las mismas decisiones de mierda que había tomado en el pasado.

Sin embargo, si todavía estás arreglando tu propia mierda mental y emocionalmente (y sé 100% honesta contigo misma en esto), entonces mantente alejada incluso de las citas casuales con madres solteras. Intentarán echarte el lazo si marcas sus casillas (aka: hipergamia) y no puedes apartarte de tu propio marco o límites por todas las razones que Rich ha enumerado en este capítulo.

Y, como persona adoptada, por mucho que respete y aprecie a mi padre adoptivo por acogernos legalmente a mi hermana y a mí cuando éramos niñas, la fría y dura verdad es que no puedo quererle de la misma manera que a mi madre: mi relación con cada uno es completamente distinta.

Tenlo en cuenta si notas que tus sentidos de "capitán salva-una-zorra" empiezan a cosquillear alrededor de cualquier "unicornio" de madre soltera con la que te cruces. Sus hijos no te querrán como tú quieres que te quieran (y lo mismo puede decirse de la propia madre).

Si está en forma, es femenina y quiere complementar tu vida de verdad, entonces, por supuesto, define un acuerdo sólido al estilo "FWB" que funcione para ti, y prepárate para dejarla marchar (suavemente) cuando -inevitablemente- desarrolle sentimientos hacia ti y quiera encerrarte.

Debes saber que ese día llegará y desearle lo mejor en su vida. Y, si nunca conoces a su(s) hijo(s), tampoco puedes formar ningún vínculo con ellos. Esto parece frío, pero es lo mejor para todos los implicados. Créeme.

En cuanto al aspecto de la seguridad, como persona con una hija y una ex mujer que ha presentado recientemente a nuestros hijos a los hijos de su nueva pareja (tiene un hijo de la misma edad que el mío y una hija menor), seré franco y diré que he tenido que soportar mucha ansiedad al respecto, ya que mi ex mujer se niega en redondo a que conozca a su nueva pareja (para que pueda ver cómo es su carácter de hombre).

Fue una de las razones clave por las que no dejé a mi ex mujer antes de lo que lo hice: el miedo a que otro hombre no consanguíneo (que es un extraño para todos nosotros) estuviera cerca de mis hijos. Mi hija acaba de empezar la pubertad, así que he tenido que seguir recordándole que "se tome en serio su intimidad". He reforzado la misma ética con mi hijo.

Sin embargo, sólo puedo confiar y esperar que mi ex mujer no haya elegido a alguien con propensión a los niños pequeños.

En resumidas cuentas, los consejos de Rich están aquí por algo, y yo los sigo a rajatabla ahora que vuelvo a ser libre. Hay más que suficientes tíos por ahí que están encantados de hacerse cargo del hijo de otro hombre. Genial. Deja que asuma esa responsabilidad (pero sin ninguna autoridad real).

Verás que la calidad de las opciones que entren en tu órbita empezará a aumentar de forma natural a medida que sigas centrándote en aumentar tus propias cualidades como hombre. Al igual que con el MGTOW/el "Modo Monje", diviértete temporalmente cuando estés allí, pero no te quedes permanentemente. El futuro te lo agradecerá.

15
POR QUÉ LOS HOMBRES INTELIGENTES EVITAN EL MATRIMONIO

Permíteme empezar afirmando que no me opongo al matrimonio ni a tener una familia. Sólo somos una forma ligeramente superior de primate, y no te equivoques: como hombres, estamos diseñados para dispersar y transmitir nuestra semilla. Está en nuestro imperativo biológico.

Sin embargo, estoy en contra de permitir que el Estado decida qué ocurre con tu patrimonio, tu libertad y tu acceso a tus hijos si un matrimonio no funciona y de invitar a tu vida a una mujer que tiene más banderas rojas que un desfile comunista chino.

Las estadísticas de divorcios varían ligeramente en todo el mundo. Pero, en un balance de probabilidades, aproximadamente la mitad de los matrimonios acaban en divorcio en un plazo de siete años. Recuerda que esta estadística ignora a la otra mitad de los hombres que suelen vivir en un matrimonio infeliz o sin sexo.

En un estudio de Acevedo y Aron sobre el amor romántico y las relaciones duraderas[1], descubrieron que sólo el 13% de sus participantes, en una relación media de 8,39 años, sentían "amor romántico". Y sólo el 2% sentía "obsesión" por el otro.

Lo que significa que la reconfortante mentira (sobre vivir en un estado de dicha por toda la eternidad), no es real y que en un matrimonio fracasado, al desatarse el contrato legal, es el varón (y no la mujer) quien más a menudo queda en la ruina. Es él quien recoge los pedazos después de que la pareja pase por el implacable trajín de la máquina del divorcio, antes de ser escupida por el otro lado.

A lo largo de la historia, los hombres siempre han sido el sexo desechable, y las mujeres el sexo protegido. Así pues, tendría sentido que todo en el derecho de familia actual favorezca a la mujer, mientras se muestra hostil hacia el hombre.

Ha llegado el momento de soltar algunas bombas de verdad frías y duras sobre la realidad del matrimonio en el mundo occidental actual, y la conclusión es ésta:

> "El matrimonio es una opción con mucho que ganar y poco que perder para las mujeres, pero con poco que ganar y mucho que perder para los hombres".
> - Richard Cooper

Debo aclarar en este capítulo que, cuando digo "derecho de familia occidental", estoy incluyendo a casi todos los países modernos del Primer Mundo adoctrinados por la versión actual del feminismo.

Durante la mayor parte de la historia, los hombres estaban a la cabeza del hogar. Eran legalmente responsables de las acciones de su cónyuge e hijos y podían mantener el orden en su hogar más o menos por los medios que considerasen oportunos. Si el hogar de un hombre era su castillo, todos los que vivían en él eran sus vasallos.

No sabemos exactamente cuándo y dónde empezaron a cambiar las tornas. Pero las cosas empezaron a cambiar a finales del siglo XIX, cuando el Estado aprobó nuevas leyes. Por ejemplo, en 1895, Londres aprobó una ordenanza que prohibía pegar a las mujeres después de las 9 de la noche. Sin embargo, esto no se diseñó originalmente para proteger a las mujeres. Se trataba principalmente de un problema de contaminación acústica en la densamente poblada ciudad.

En el libro A History of Marriage, de Stephanie Coontz, se llega a la conclusión de que, durante decenas de miles de años, la gente no se casaba por amor, sino para adquirir familia política, bienes e influencia. Los registros eclesiásticos, los diarios personales y los registros judiciales públicos demostraron que el amor ni siquiera formaba parte de la ecuación.

Los hombres tenían el 100% de autoridad y el 100% de responsabilidad ante la unidad familiar. La familia y sus parientes políticos se ocupaban de la atención médica, el cumplimiento de la ley, los ancianos, la escolarización, etc. Los hombres eran los cabezas de familia, y la intervención del estado en la forma en que un hombre dirigía su familia era escasa o nula.

Era una época en la que se respetaban -y valoraban- las virtudes masculinas. Pero, en los últimos ciento cincuenta años, una versión tóxica del feminismo progresista lo ha cambiado todo.

El feminismo tóxico ha invertido los papeles, de modo que tanto las mujeres como el Estado están ahora a la cabeza del hogar.

Los hombres de hoy ya no tienen mucha autoridad en su casa, pero siguen teniendo el 100% de la responsabilidad. Se ha quitado casi toda la autoridad a los hombres y se ha dado tanto al gobierno como a las mujeres, mientras que los hombres mantienen toda la responsabilidad económica.

Lo que es aún más preocupante es que, con la reciente era del #metoo, ya no se exige algo tan fundamental como establecer primero los hechos. En su lugar, debemos creer a todas las mujeres cuando acusan a los hombres por defecto, sin hacer preguntas.

Derecho de familia

Cuando me divorcié en Canadá, creía saber cómo sería el proceso. Pero, la verdad, no tenía ni idea de a qué me enfrentaba. Me acerqué al divorcio con una mirada ingenua, considerándolo un proceso sencillo con una salida justa para todos. Todas mis expectativas estaban muy equivocadas.

De hecho, estaba totalmente equivocada.

En la primera hora que hablé con mi abogado de familia, me había soltado tantas bombas de verdad que salí de la llamada con una sensación de desesperanza total. En realidad creía que tendría suerte si volvía a ver a mi hija. Que me pasaría el resto de mi vida doblando la rodilla ante el Estado y mi ex mujer. Mientras simplemente veía cómo mi patrimonio me abandonaba, y cómo yo también me alejaba de mi hija.

Nunca olvidaré las palabras de mi abogado: "Si tienes el pene y vas a los tribunales, vas a perder, y mucho". Me quedé estupefacto.

¿Acaso el feminismo no había igualado las condiciones para las mujeres? ¿No son las mujeres iguales a los hombres?

Si es así, ¿por qué me dicen que, por haber nacido con pene, perdería por defecto en el tribunal de familia?

Dicen que la intención original de los cambios progresistas en el derecho de familia era hacer frente a los padres morosos que no cuidaban de sus hijos, ¿verdad? Pues así fue, y luego siguió adelante, convirtiéndose en un movimiento supremacista contra los hombres que no ha cesado nunca.

En el mundo actual, la mujer es la soberana suprema tanto en el hogar como en el derecho de familia a la hora de deshacer el nudo. Los gobiernos occidentales diseñaron cada parte de la legislación para preservar y mejorar los intereses de la madre, al tiempo que destruían a los padres. En el derecho de familia occidental, para que un género (el femenino) avance en su causa, lo hace a costa del otro género (el masculino).

Si estás pensando en casarte, lo mejor que puedes hacer es comprar una hora del tiempo de un abogado de familia local. Siéntate, escucha bien y aprende cómo trata la ley a los hombres en tu estado o provincia. Porque hay un 50% o más de posibilidades de que tu matrimonio acabe en divorcio.

Recuerda que esta estadística de divorcios no tiene en cuenta a las personas que siguen casadas porque son demasiado poco atractivas, están arruinadas y carecen de la opción de marcharse. O simplemente porque son cobardes.

Es casi imposible calcular el número de matrimonios infelices que persisten.

Acusaciones de violencia doméstica: la baza de la mujer

Los cargos por violencia doméstica, alegados por la madre contra el padre, son una baza que se ha incorporado al derecho de familia occidental. La policía puede expulsar a un hombre de su propia casa por denuncias falsas o exageradas de violencia doméstica. También se les aleja de sus hijos, mientras los tribunales imponen al padre pagos irrazonables a la madre. A su vez, le impiden entrar en la casa que pagó, o acceder a los hijos que engendró.

Una vez tuve una llamada de coaching con un hombre al que su mujer engañó varias veces. Decidió que ya estaba harto y que había llegado el momento de divorciarse de ella. Durante el agrio periodo de separación, un día se enfadó con ella, le señaló con el dedo a la cara y proclamó enfadado: "Eres una puta mentirosa".

El dedo fue suficiente para que ella llamara a la policía, denunciara un caso de violencia doméstica e hiciera intervenir a las autoridades. No hubo violencia, ni contacto físico, ni nada.

Sólo un dedo enfadado señalado mientras se decían cuatro palabras.

Es absolutamente vital que tengas siempre presente la siguiente frase: La mujer con la que te casas nunca es la misma mujer de la que te divorcias.

Recuerda que el derecho de familia occidental está escrito de tal manera que supone que la mujer es el sexo débil. El hombre es el sexo privilegiado y también es el sexo maltratador por defecto.

Cómo se comportan las mujeres durante el divorcio

Los hombres deben comprender que, por una combinación de derecho de familia y naturaleza femenina, las mujeres están motivadas para comportarse increíblemente mal con el padre de sus hijos durante el divorcio.

En el derecho de familia se han incluido importantes recompensas económicas centradas en la mujer, que animan a ésta a ser el único progenitor con la custodia de los hijos. Al convertirse en el progenitor que tiene la custodia principal de los hijos, el dinero, y toda la capacidad de tomar decisiones, pasa al progenitor al que se ha concedido la custodia. Que, ocho de cada diez veces, es la mujer.

Dejemos algo claro. Las mujeres son oportunistas por naturaleza, lo llevan dentro, y es parte de la razón por la que el sapiens es una especie tan exitosa. Sin oportunismo, sus hijos tendrían menos probabilidades de sobrevivir. No puedes culpar a las mujeres por ello; el oportunismo es un mecanismo evolucionado de supervivencia.

Las mujeres necesitaban esta habilidad para encontrar a la pareja que mejor les proveyera y para optimizar su hipergamia. Si das a alguien, que es oportunista por naturaleza, incentivos para beneficiarse a costa de otro, entonces, adivina qué, lo hará.

Sólo en la historia reciente el oportunismo femenino ha contado con el pleno respaldo del Estado como derecho de familia. Curiosamente, antes de los últimos 150 años aproximadamente, si se producía un divorcio, lo más frecuente era que el padre obtuviera la custodia de los hijos y conservara todos los bienes familiares, incluido lo que ella aportaba.

Una vez que un progenitor tiene los derechos de custodia, puede tomar decisiones unilaterales sin el consentimiento del otro progenitor. Incluso si esa decisión no cuenta con el acuerdo de ambos progenitores.

Dependiendo de dónde rija la ley que regule tu divorcio, eso podría incluir decisiones sobre la escuela, los programas extraescolares, la religión, los procedimientos médicos e incluso dónde elige vivir el progenitor custodio.

Las recompensas económicas tampoco son precisamente pequeñas. Hay tres grandes drenajes financieros del progenitor que no tiene la custodia.

Pensión alimenticia

También conocida como pensión alimenticia, es el primer nivel de responsabilidad que un hombre debe pagar a su ex mujer si él era el sostén de la familia y ella no trabajaba o ganaba bastante menos. Para algunos hombres, eso se debe a que ella era ama de casa. Para otros, simplemente ella nunca trabajó después del matrimonio, y no hubo hijos.

En cualquier caso, eres responsable de mantener su nivel de vida una vez finalizado el matrimonio. El coste mensual y la duración de los pagos dependen de dónde vivas y de cuánto tiempo hayáis estado casados. En algunos lugares, como California por ejemplo, si estáis casados 10 años o más, se trata de una pensión alimenticia vitalicia.

Manutención de los hijos

La pensión alimenticia se paga al progenitor custodio para cubrir los gastos de crianza de los hijos. Contrariamente a la creencia popular, el importe del pago no se basa en lo que los hijos necesitan realmente para sobrevivir. Más bien, se basa en tablas emitidas por el Estado. Tuve un amigo que calculó que, durante su matrimonio, el coste mensual de cuidar de su hijo para cosas como comida y ropa era de unos 500$ al mes.

Sin embargo, las tablas de pensión alimenticia emitidas por el estado le obligaban a hacer un pago legalmente exigible de 4.367 $ cada mes. La pensión alimenticia, en su mayor parte, va a la madre, no a los hijos, y no tiene nada que ver con las necesidades de tus hijos.

Nota del editor: Para quienes viváis en el Reino Unido, buscad en Internet el "Manual de manutención infantil del Grupo de Acción contra la Pobreza Infantil (CPAG) (edición 2022/2023)". Cuesta 45 libras, pero está muy bien escrito, es fácil de leer y es muy perspicaz en este ámbito. Merece la pena la pequeña inversión (pero prepárate para tragarte algunas píldoras muy amargas mientras lo lees).

Bienes matrimoniales

Los bienes acumulados durante el matrimonio se dividen una vez desatado el nudo, normalmente al 50% en la mayoría de los casos. Aunque hay lugares en los que más de la mitad de los bienes pueden adjudicarse a la madre. Así pues, todos los bienes que adquiristeis, antes o después, del día en que firmasteis ese contrato con vuestro gobierno, van a parar a un montón, y luego se dividen potencialmente por la mitad, independientemente de quién los pagara.

En algunos casos, un acuerdo prenupcial puede proteger los

bienes adquiridos antes de la boda. Pero, si las circunstancias cambiaron durante el tiempo que estuvisteis casados, o ha pasado un tiempo considerable desde que se firmó el acuerdo prenupcial, lo más probable es que un juez desestime tu acuerdo prenupcial y no valga ni el papel en que está escrito.

Como los hombres rara vez se quedan en casa para criar a los hijos, y las mujeres son hipergámicas en sus estrategias de selección de pareja, entonces puedes empezar a ver lo improbable que es que la madre pague el peaje del derecho de familia. En la inmensa mayoría de los casos, son los hombres los que se quedan en la ruina económica. Con poco o ningún acceso a sus hijos, viendo impotente cómo su dinero fluye hacia su ex mujer, mientras ella le aleja de sus hijos.

A la hipergamia no le importa si ella jura amarte y estar contigo "En la riqueza y en la pobreza, en la salud y en la enfermedad... hasta que la muerte nos separe".

El divorcio, y no la carrera profesional o el espíritu empresarial, sigue siendo, estadísticamente, la vía número uno por la que las mujeres adquieren su riqueza hoy en día.

Un claro ejemplo de ello es que, mientras escribo este capítulo en un Starbucks, una mujer de la mesa de al lado le dijo a su novia, quejándose de su marido. Ella dijo: "Puedo divorciarme de él, quedarme con la mitad de sus cosas, los niños, la casa, y no tener que aguantar más a ese gilipollas".

Ese, señores, es el mundo que ha creado esta versión tóxica del feminismo.

Cómo el Estado anima a las mujeres a ser madres solteras

En la primavera de 2019, periodistas furiosas de madres solteras de todo el mundo me atacaron por advertir a los hombres en Twitter sobre los peligros de entablar relaciones con madres solteras. Fabricaron alrededor de una docena de piezas de ataque, todas ellas a partir de un fragmento de tres minutos de un discurso de 50 minutos que pronuncié ante una audiencia de hombres.

Puedes ver mi respuesta en vídeo buscando "La verdad les

suena a odio, a las madres solteras que odian la verdad" en mi canal para tener más perspectiva.

Recibí una abrumadora muestra de apoyo por parte de los hombres, y de algunas mujeres, elogiándome por arrojar luz sobre este tema tan poco halagüeño. Sin embargo, apareció una pepita de oro de la comentarista "Kim Brown" en la sección de comentarios del vídeo, que dijo

> "Lo que me enfurece es que mi marido gana unos 50.000 dólares al año y yo la mitad. Pero cuando hablas a la gente de responsabilizarse de sí misma, te das cuenta de que si dejara a mi marido y me convirtiera en madre soltera con prestaciones del gobierno, tendría mucho más dinero. Lo que pagamos en impuestos como pareja, frente a lo que me daría el gobierno si estuviera sola, ni se acerca. Así pues, cuando las mujeres dejan a sus maridos, están mejorando su situación. Es repugnante que la sociedad recompense a quienes toman malas decisiones".

Continuó ampliando el tema con lo siguiente:

> "Mi amiga, que es madre soltera, hace el mismo trabajo y gana el mismo dinero que yo. Nos sentamos y comparamos nuestras finanzas y, con todas las subvenciones y exenciones fiscales que recibe del gobierno, tiene unos 1.000 dólares al mes más que mi familia en ingresos disponibles. Para mí, eso no es sólo premiar a las madres solteras, sino castigar activamente a las mujeres de ingresos medios o bajos por quedarse con el padre de sus hijos".

Si hay una prueba más contundente de que el Estado anima a las mujeres a abandonar su matrimonio y convertirse en madres solteras... Bueno, no sé dónde encontrarla.

Argumentos a favor del matrimonio

Algunos hombres podrían argumentar que su novia es una "mujer religiosa y temerosa de Dios". O que su bella prometida procede de un hogar con valores conservadores en el que ambos padres permanecieron felizmente casados durante veinte años.

Eso no basta, por dos sencillas razones:

1. Una mujer siempre se reserva el derecho a cambiar de opinión en cualquier momento.
2. Incluso las mujeres conservadoras, religiosas y temerosas de Dios, aprovecharán el corrupto sistema jurídico familiar para beneficiarse del derecho de familia.

Una vez tuve una consulta de coaching en la que un hombre se pasó buena parte de la llamada enmarcando lo que iba a ser la "evolución" de "ella" durante su matrimonio. Ella pasó de ser una mujer religiosa que iba a la iglesia, procedente de un hogar intacto, a alguien a quien él ni siquiera reconoció durante el proceso de divorcio.

Le chocó que ella hubiera dado un giro de 180 grados durante el divorcio. Presentó una denuncia falsa por violencia doméstica para echarle de casa. Permitiéndole a ella controlar la venta de la casa, obtener la custodia principal y obtener los máximos beneficios de las tablas de manutención de los hijos.

Sencillamente, no puedo respaldar el matrimonio en su estado actual.

Pero Rich, ¿no tienen los hombres la obligación de encontrar una "buena chica" y sentar la cabeza?

No, no la tienen. Sin embargo, los hombres sí tienen la obligación de convertirse en la mejor versión posible de sí mismos. Si una mujer entra en tu marco, es un complemento de tu vida (pero no el centro), y quieres tener hijos, entonces -y sólo entonces- deberías considerar la posibilidad de tener hijos (tras un periodo de investigación adecuado de dos años).

Pero debes recordar siempre... Las mujeres siempre se reservan el derecho a cambiar de opinión.

The Unplugged Alpha 2nd Edition (Versión española)

Basta con navegar durante 10 minutos por los foros de discusión sobre divorcios para ver a montones de mujeres que piensan que, por el mero hecho de que el niño haya salido de su cuerpo, ellas son las únicas propietarias de ese niño. Por tanto, tienen derecho a ser la cuidadora principal por defecto.

Mejor aún, pasa una tarde asistiendo a las vistas de divorcio en el juzgado de familia de tu localidad, y comprueba con tus propios ojos cómo se trata a los padres.

El condicionamiento social, los medios de comunicación, el feminismo y la ley refuerzan la idea de que los hombres son payasos ineptos, incapaces de ser padres útiles para un niño. Los padres son, sin embargo, útiles como ganado fiscal, para que el Estado pueda ordeñar y luego transferir esos bienes a una madre.

La sociedad celebra tanto a las madres solteras que, durante el Día del Padre, verás que se difunden memes que elogian a las madres solteras por hacer el trabajo de ambos padres. Sin embargo, los padres solteros no reciben ningún elogio en el Día de la Madre.

Para saber más sobre este tema de la feminización de la sociedad, busca un vídeo en mi canal titulado "¿Por qué están tan feminizados los hombres de hoy?".

A lo largo de la historia, los hombres fueron valorados. Sin embargo, con el Estado a la cabeza del hogar, poco a poco se nos ha ido reduciendo a la categoría de padres desechables y se nos trata como ganado fiscal. Los padres ya no son los cabezas de familia, lo es el Estado. El Estado se encarga de que las mujeres estén bien atendidas. Aunque sea a costa del padre.

Es absolutamente esencial que lo entiendas: "La mujer con la que te casas no es la misma mujer de la que te divorcias". Recuerda lo que te digo: los verdaderos colores de una mujer saldrán a la luz en un divorcio.

Para que una de las partes haga avanzar su agenda, será a costa de la otra. Las situaciones en las que todos salen ganando en el divorcio son raras debido a la hipergamia femenina y sólo ocurren a veces si la mujer se casa con un hombre de menor valor que ella (lo cual es aún más raro).

Comprende que las mujeres no son arriesgadas por

naturaleza, sino los hombres. Ahora, hazte a la idea de que las mujeres inician alrededor del 80% de todos los divorcios, y a menudo los planean con meses, o a veces años, de antelación. Lo hacen porque confían en que les irá bien, porque el Estado se lo asegura.

Recuerda que asumir riesgos innecesarios no es inherente a la naturaleza femenina, porque las mujeres juegan a no perder. Son los hombres los que juegan para ganar.

Además, hombres, si os han pillado engañándola, comprended siempre que el infierno no tiene más furia que una mujer despechada. La naturaleza femenina no está de tu parte. Espera que la perdones, que mires más allá de sus indiscreciones y, en muchos casos, espera que te responsabilices plenamente de la(s) razón(es) por las que te traicionó.

Divorcio y suicidio

Era un cálido día de primavera mientras conducía por la autopista. Llevaba seis meses separada y seguía viviendo en el domicilio conyugal, intentando resolver los detalles de mi divorcio. Me dirigía a la oficina en mi camioneta, sintiéndome totalmente deprimido por cómo me iban las cosas.

Fue entonces cuando me asaltaron pensamientos de suicidio. Me sentía impotente y se me pasó por la cabeza la idea de quitarme el cinturón de seguridad, frenar el camión y estrellarme rápidamente contra un pilar de hormigón. Pensé que acabaría rápido.

Fue fácilmente el punto más bajo de mi vida. Mi vida estaba fuera de control, y no tenía ni idea de si iba a sobrevivir económicamente, ni siquiera de si iba a ver crecer a mi hija.

A lo largo de la historia, se ha condicionado a los hombres a ser duros y a "ser hombres".

Luchamos en guerras horribles y hacemos trabajos increíblemente peligrosos que las mujeres no suelen estar dispuestas a hacer, como trabajar en minas o en plataformas petrolíferas. Pero cuando se trata del coste emocional y económico del divorcio, sencillamente, los hombres no pueden afrontarlo muy bien. Los hombres divorciados también tienen más del doble de probabilidades de suicidarse que los casados, y los hombres divorciados tienen casi 10 veces más probabilidades de suicidarse que las mujeres divorciadas.

Desgraciadamente, esto es algo sobre lo que los principales medios de comunicación no quieren llamar la atención. Recuerda, los hombres son desechables; las mujeres están protegidas.

Los niños y el divorcio

Incluso en el mundo moderno de hoy, en el que las mujeres trabajan y tienen igualdad de ingresos, a las madres se les sigue concediendo una orden de custodia de "cuidador principal" aproximadamente el 80% de las veces. Eso suele significar que el padre ve a su(s) hijo(s) cada dos fines de semana y un miércoles por la noche, sólo para cenar.

Mi abogado de familia me dijo que esto es lo normal, y suele llamarse el "trato de joder a papá".

Las mujeres suelen argumentar: "Los niños necesitan a sus madres", y el derecho de familia sigue estando de su lado. Lo cual, por supuesto, es un completo disparate. Los niños necesitan tener acceso a ambos progenitores si quieren ser un miembro eficaz de la sociedad cuando sean adultos.

Aproximadamente el 43% de los niños de Norteamérica son criados por la madre. He aquí algunas estadísticas más que los hombres deberían conocer cuando confían en la madre para criar a sus hijos.

Los niños y niñas sin padre tienen:

- El doble de probabilidades de abandonar la escuela secundaria, el doble de probabilidades de acabar en la cárcel y tienen cuatro veces más probabilidades de necesitar ayuda por problemas emocionales o de conducta. [2]
- El 85% de los jóvenes encarcelados crecieron en un hogar sin padre. [3]

- El 85% de los niños que presentan trastornos de conducta proceden de hogares sin padre. [4]
- El 71% de las adolescentes embarazadas carecen de padre. [5]
- El 63% de los suicidios de jóvenes proceden de hogares sin padre (cinco veces más que la media). [6]

Las madres, por un margen abrumador, se encargan de la mayor parte de la crianza de los hijos tras el divorcio. Y, a pesar de que los medios de comunicación alaban a las madres solteras por ser fuertes e independientes, a menudo lo hacen fatal.

Cómo cambia el matrimonio a los hombres

Muchos de los hombres a los que he entrenado durante el divorcio entraron en el matrimonio con ciertas creencias que luego se dieron cuenta de que no eran ciertas. Y la mayoría de esos hombres se quedaron totalmente sorprendidos por lo que les ocurrió.

Los niveles de testosterona de los hombres disminuyen

Está demostrado que cuando un hombre vive con una mujer y tiene hijos, sus niveles de testosterona descienden. Algunos argumentarían que este proceso no es más que andropausia, y que es natural. Pero los hombres solteros de la misma edad suelen tener niveles de testosterona más altos que los casados.

Fraude de paternidad

Aunque es difícil obtener estadísticas fiables al respecto (debido a las leyes ginocéntricas de algunos países occidentales que se inclinan por la no realización de pruebas de paternidad), se calcula que entre el 10 y el 30% de los hombres casados crían hijos que no son biológicamente suyos.

Se trata de un problema importante porque uno de los principales argumentos de venta del matrimonio para la mayoría de los hombres es la posibilidad de transmitir su descendencia. En teoría, se supone que el matrimonio protege la paternidad.

Betatización por mil concesiones

Las mujeres pondrán a prueba constantemente el marco de un hombre. La inmensa mayoría de los hombres pasarán por el lento proceso de acceder a las interminables peticiones y exigencias de su mujer. A menudo empieza con "Cariño, pon tu ropa oscura en el cesto oscuro, y tu ropa blanca en el cesto claro". Antes de pasar a "Hagamos veganismo juntos", y puede acabar escalando a "'Tengamos una relación poli". Lo que inevitablemente acaba en un discurso sobre cómo "'Te quiere, pero no está enamorada de ti".

A lo largo de tu matrimonio, la cuestión no es si te betatizarás. Se trata más bien de cuánto y hasta qué punto llegarás a ser tan poco atractivo para ella que se marchará. Es importante señalar que las mujeres no lo hacen intencionadamente, sino que es una parte natural de la naturaleza femenina junto con el condicionamiento social de los sexos.

Reducción del deseo sexual

Los hombres suelen casarse con la impresión de que su mujer les recompensará con el sexo fiable, constante y salvaje que tenían antes de casarse. Sin embargo, una de las mayores consultas de los hombres casados es: "¿Cómo consigo que mi mujer me folle?" o "¿se considera infiel la masturbación estando casado?".

Los matrimonios sin sexo son muy comunes hoy en día. Introducir niños en la relación cambiará drásticamente la dinámica entre ambos, su disponibilidad sexual y su entusiasmo por ti. Otra razón, que a menudo se pasa por alto, es que su ansiedad por la competencia disminuye considerablemente cuando vive contigo. También sabe inconscientemente que el derecho de familia le cubre las espaldas.

Sabe dónde estás en todo momento y dónde vives. Por tanto, la ansiedad competitiva que tenía cuando vivíais los dos bajo techos separados mantendría al hámster entre sus orejas con cafeína.

Con ella preguntándose constantemente qué podrías estar tramando.

Para más información sobre la ansiedad competitiva busca "Empresarios en coches qué es la ansiedad competitiva".

Cómo minimizar los riesgos del matrimonio

Los hombres me han propuesto todo tipo de formas de eliminar el riesgo de violación en el divorcio, desde importar novias extranjeras hasta la gestación subrogada. Mira, no hay forma de eliminar todos los riesgos. Pero, gracias a mis investigaciones, he descubierto algunas cosas que puedes hacer para minimizarlo:

Vive donde la custodia compartida sea el acuerdo por defecto en el divorcio

Hay algunos lugares en el mundo donde, al divorciarse, ambos progenitores comparten la custodia al 50/50 por defecto. A menos que uno de los progenitores pueda demostrar que el otro es un riesgo para la seguridad de los hijos. Por tanto, si uno de los progenitores es heroinómano, con antecedentes de violencia o actividad delictiva, puede haber argumentos para una audiencia de custodia exclusiva. Sin embargo, asegúrate de preguntar a un abogado de familia de tu país sobre este tema.

Tener un acuerdo prenupcial y postnupcial

Un acuerdo prenupcial no es suficiente, y mucha gente te dirá que en realidad no valen ni el papel en que están escritos durante un divorcio. Esto es especialmente cierto si han pasado 10 años desde que os casasteis y ella se quedó en casa para criar a tres hijos mientras tú trabajabas. Simplemente tienen menos valor con el paso del tiempo.

Sin embargo, hay casos en los que los jueces han hecho cumplir un acuerdo prenupcial, porque se firmó un postnupcial después del matrimonio, confirmando así los términos originales. Debes recordar que cualquier acuerdo nupcial pierde valor con el tiempo. Cuando las circunstancias cambien de nuevo, asegúrate de consultar a un abogado de familia de tu país sobre la mejor forma de gestionarlo. Debes proteger tu patrimonio.

No te cases hacia abajo (demasiado lejos)

Los hombres suelen casarse hacia abajo. No es raro que el vicepresidente de contabilidad, que gana 360.000 dólares al año, se case con una peluquera que gana justo por encima del umbral de la pobreza. Cuando te casas hacia abajo, ella no vuelve a su estilo de vida de peluquera al divorciarse. Eres tú quien tendrá que mantener el estilo de vida al que ella se acostumbró en el matrimonio.

El derecho de familia no permite a las mujeres volver al umbral de la pobreza, sobre todo si hay niños en la ecuación. Por tanto, si decides casarte en un país occidental, busca a alguien que aporte bienes similares. O, idealmente, alguien que gane tanto o más que tú (aunque incluso eso conlleva su propio conjunto de problemas en un divorcio).

No te cases con una feminista

El feminismo enseña a las mujeres que no necesitan a los hombres, que los hombres somos desechables. Cómo los hombres han oprimido a las mujeres, por qué los hombres son el sexo privilegiado y que las mujeres son mejores que los hombres. Sencillamente, no puedes esperar que una mujer se quede cuando suscribe un sistema de creencias que adoctrina a las mujeres para que sean simultáneamente víctimas y supremacistas, todo ello mientras odian al sexo opuesto.

Busca los rasgos de la "tríada brillante":
Son

1. Claridad,
2. Estabilidad,
3. Madurez.

Mi amigo el Dr. Shawn T. Smith, autor del libro "La Guía Táctica de la Mujer", consideraría que una mujer que mostrara estos rasgos es una mujer de alta calidad. Lee este libro, luego vuelve a leerlo y busca estos rasgos.

Evita los rasgos de la "tríada oscura"

Lo Son:

1. Narcisismo,
2. Maquiavelismo,
3. Psicopatía.

Los narcisistas son fáciles de detectar hoy en día; es la mujer que busca constantemente atención en las redes sociales durante todo el día.

Maquiavelismo es cuando una persona está tan centrada en sus propios intereses que manipulará, engañará y explotará a los demás para conseguir sus objetivos.

Tradicionalmente, la psicopatía es un trastorno de la personalidad que se caracteriza por un comportamiento antisocial persistente, alteraciones de la empatía y el remordimiento, y rasgos audaces, desinhibidos y egoístas. A veces se considera sinónimo de sociopatía.

Aunque no se especifica en la tríada oscura, yo añadiría el Trastorno Límite de la Personalidad (o TLP) a esta lista de rasgos a evitar.

Espera dos años antes de casarte

El Dr. Shawn T. Smith señaló que las mujeres pueden montar un numerito, sobre todo si son postpareja y tienen prisa por casarse debido a la "rabia del bebé".

Por tanto, asegúrate de "contratar despacio y despedir rápido". Actúa con la debida diligencia y tómate tu tiempo para investigar a una mujer. Una de las mayores quejas de los hombres que se casan demasiado deprisa es que se enteran de que sólo salían con una representante de la mujer. Y que la simpática representante se va después de decir "sí, quiero". Si, al cabo de dos años, no es un "¡Diablos, sí!", entonces es definitivamente un "¡Joder, no!".

Vivir juntos

Sólo verás la verdadera cara de alguien cuando vivas con él. Vive con ellos al menos seis meses para ver si te siguen gustando al séptimo mes. Además, no hagas caso a la gente que te dice que los matrimonios tienen más probabilidades de fracasar si vivís juntos antes de casaros. Esto es cierto en Norteamérica por un pequeño punto porcentual. Pero, en Europa, a la mayoría de los matrimonios les va mejor cuando la pareja convive primero.

Mira cómo maneja el estrés

¿Le cancelaron el vuelo? ¿Se ha perdido su equipaje? ¿Sandra en la oficina es una auténtica zorra todos los días? Mira cómo maneja las situaciones estresantes, y si puede sacar lo mejor de ellas. El estrés ocurre en el matrimonio, así que afrontarlo con madurez es una habilidad necesaria para que el matrimonio tenga éxito. Evita a una mujer que no sepa manejar el estrés o que haga montañas de un grano de arena.

Tiene una buena relación con su padre

Supongo que eres un hombre masculino, o que buscas ese nivel de excelencia. ¿Cómo esperas que una mujer te admire y te admire si no ha tenido un modelo masculino positivo en su vida? Consulta el capítulo "21 señales de alarma" de este libro, ya que en él trato ampliamente los "problemas con papá".

Ella toma tu apellido

Vivimos en un mundo en el que algunas mujeres, normalmente feministas, no quieren llevar tu apellido. A veces, he oído hablar de hombres beta débiles que asumen el apellido de su mujer. En un entorno en el que la carga de todos los riesgos recae sobre los hombros del hombre, tu mujer debería asumir tu apellido. Y no, el guión tampoco es aceptable.

Demuestra que ella está en esto a largo plazo y que está dispuesta a entrar en tu marco. Hay algunos casos en los que las mujeres con una designación profesional, por ejemplo, abogada o médico, no pueden cambiar sus apellidos sin una cantidad sustancial de molestias. Pero, en lo que respecta a la licencia de matrimonio, el pasaporte, el permiso de conducir, etc., entonces su apellido debería cambiar por el tuyo.

No compliques la boda

No te involucres en el largo e interminable proceso que supone la planificación de una boda. Fotógrafos, videógrafos, banda, DJ, limusina, lugar de celebración, plan de comidas, invitaciones, etc. Si te dejas llevar por la planificación, gastarás de más en algo que ya tiene un 50% de posibilidades de fracasar.

Por tanto, hazlo sencillo, que lo celebre un juez de paz o, mejor aún, hazlo divertido y celebra una boda en un destino. Las estadísticas también muestran que las bodas más caras tienen una mayor probabilidad de divorcio. Una mujer que está a tu altura y te admira no insistirá en una fiesta gigantesca que gire en torno a ella.

Conclusión

El matrimonio es totalmente innecesario en la época actual. Es todo riesgo para los hombres y todo recompensa para las mujeres. Si quieres tener hijos, mi consejo es que abandones cualquier país, estado o provincia occidental que sea hostil hacia los hombres. En su lugar, vive en algún lugar donde idealmente no haya pensión alimenticia, ni división de bienes, ni manutención de los hijos de la que preocuparse.

Todavía hay mujeres femeninas que desaprueban el feminismo y valoran la masculinidad. Encuentra a una de esas mujeres y vive donde la ley no vaya a destruirte.

The Unplugged Alpha 2nd Edition (Versión española)

La cruda verdad

No lo olvides nunca:

- La mujer con la que te cases, no será la misma mujer de la que te divorcies. El verdadero carácter de una mujer se revelará durante el divorcio. Así que no te sorprendas si se inventa un montón de historias disparatadas para que el derecho de familia, y potencialmente incluso la policía, le hagan el trabajo sucio.
- Si tienes hijos con ella, prepárate para que los utilice como armas durante el divorcio. Hará todo lo que esté en su mano para ponerlos en tu contra y alejarlos de ti. Ten por seguro que esto pondrá a prueba tu determinación personal y tu armazón hasta el límite absoluto. Estar alejado de los hijos es una de las principales razones por las que muchos hombres se suicidan o, como mínimo, se lo plantean.
- Si te han betatizado con mil concesiones, y empiezas a recuperar tu vida y tu marco, puedes estar absolutamente seguro de que tu mujer luchará contra ti con uñas y dientes para impedirlo. Prepárate para que las pruebas de mierda se intensifiquen hasta niveles épicos nunca vistos, mientras ella husmea en este "nuevo tú", para ver si de verdad le estás sacando las pelotas del bolso. O si simplemente estás fingiendo.
- Antes de casaros, id juntos a ver a un abogado especializado en divorcios, y que tu relación de pareja no te haga sentir culpable ni te avergüence por hacerlo (eso, de por sí, es una señal de alarma importante). Invierte el dinero necesario en una consulta de una hora con un abogado de divorcios local para averiguar cómo se resolvería un divorcio en el lugar donde vivís. Piensa, si un instructor de paracaidismo te informara de que, no sólo tu paracaídas sólo tiene un 50% de posibilidades, o menos, de abrirse. Sino que también perderías inmediatamente el acceso legal a todo

aquello por lo que habías trabajado duro en el momento en que saltaras (incluido el acceso a tus hijos), ¿seguirías queriendo saltar de ese avión?

Informe de campo de Steve el del Contabilidad

Bastantes amigos y conocidos me han preguntado si "volveré a casarme". Les he dicho que no puedo dejar de ver lo que he visto de cómo funciona realmente el matrimonio y el divorcio (ahora que he pasado por ello y he salido por el otro extremo). Les explico que tampoco es probable que vuelva a cohabitar con una mujer, lo que suele provocar muchas cejas levantadas. Personalmente, ya no veo ningún valor en el matrimonio (aparte de formar una familia con una mujer que esté 100% dentro de tu marco).

Simplemente afirmo que valoro más mi propio espacio que vivir con otra persona y, desde luego, nunca me entretendré mientras me aseguro de que mis hijos crecen y se convierten en adultos increíbles.

Ignoré una cantidad impía de las banderas rojas señaladas en este libro y muchas de las áreas clave señaladas sólo en este capítulo. Lo único que me salvó fue que me casé con alguien que ganaba mucho más que yo económicamente, y ella fue la que al final perdió en nuestro divorcio casi el 40% de su pensión de prestaciones definidas bañada en oro y una parte considerable del capital de la casa común (junto con una orden judicial legalmente vinculante que la obligaba a pagar la inmensa mayoría de las tasas de los colegios privados de nuestros hijos).

Sin embargo, mi divorcio me costó la mayor parte de 55.000 libras (70.000 dólares), me llevó dos largos y laboriosos años y necesité una abogada (y una jueza, que me cubrieron las espaldas al 100%, de verdad) para resolverlo de una vez por todas. Sin embargo, los Tribunales de Familia del Reino Unido no reconocen la custodia al 50% como hacen muchos estados de EE.UU. (aquí ni siquiera existe), así que tuve que elegir entre gastarme un montón de dinero más en mis tarjetas de crédito (que ya no tenía al límite) para entrar en un marco legal que estaba en mi contra desde el principio, o ser creativa.

Nunca olvidaré una afirmación que leí en un hilo de r/Divorcio en Reddit hace un par de años. En ella, el autor mencionaba que su abogado le había dado el siguiente consejo:

> "'Ten cuidado con el tiempo y el dinero que gastas, sólo para ver dormir a tus hijos".
>
> - *Abogado desconocido (pero inteligente)*

Verás, la pensión alimenticia (al menos aquí en el Reino Unido) viene dictada por el número de pernoctaciones del niño con el "progenitor no residente" (o PNR). En este caso, también puedes estar en la picota hasta que el hijo deje los estudios superiores (potencialmente hasta que cumpla 20 años).

Sin embargo, en lugar de meterme en un sistema judicial que no es ni remotamente amistoso con los padres (por muy padre implicado que seas), y gastarme más de 20.000 libras por el riesgo de que me jodan legalmente durante años, opté por luchar por pasar el mayor tiempo posible con mis hijos. Tiempo en el que estuvieran despiertos, para poder conectar con ellos y reforzar mi vínculo con ellos. Eso no se puede hacer mientras duermen.

Así que, en lugar de luchar por tener más noches, luché por seguir llevándolos al colegio todos los días (como siempre he hecho), recogerlos del colegio la mayoría de los días, darles de cenar y bañarlos en mi casa, y luego su madre viene a recogerlos por la noche para llevárselos a sólo un minuto en coche de donde vivo ahora.

Claro, puede que mi ex mujer reciba de mí unos cientos de libras más al mes en concepto de manutención de los hijos, pero yo sigo teniendo los mismos derechos de paternidad (algo vital), la mitad de las vacaciones y todos los fines de semana (además de ver y abrazar a mis hijos todos los días de colegio), y unas cuantas noches más cuando mi ex mujer quiere ir a hacer algo.

Siempre puedo ganar más dinero; no puedo pasar más tiempo de calidad con mis hijos.

También es importante señalar que este acuerdo me deja la

mayoría de las tardes libres para trabajar en mi negocio, hacer alguna afición o salir con alguien. Cuando mis hijos cumplan 13 años, podré volver a analizar las cosas con más detenimiento, ya que algunos aspectos cambian legalmente.

Si vas a estar lo bastante loca como para casarte con alguien, entonces, por Dios, infórmate bien, porque si no lo haces podrías arruinarte la vida. He visto demasiadas historias de terror de padres a los que han sacado físicamente de sus casas por falsas acusaciones de violencia doméstica (VD) en EE.UU., o a los que su sistema legal ha jodido hasta seis veces.

Me considero muy afortunado (si me comparo con muchos de esos otros padres de Occidente) y nunca olvidaré a Rich recordándome esta perspectiva en una de nuestras llamadas 1-1. Me dijo sencillamente que hay muchas cosas en el mundo que pueden ayudar a los padres. Simplemente me dijo que hay muchos padres ahí fuera que se pondrían en tu lugar en un abrir y cerrar de ojos si tuvieran la oportunidad.

Hasta ahora, tengo un vínculo excepcionalmente fuerte con mis dos hijos. Mi hija todavía me coge de la mano cuando la acompaño a la puerta del colegio (bueno, al menos por ahora), y mi hijo me da abrazos enormes y sinceros cuando lo llevo al colegio. Por desgracia, ni de lejos los hombres tienen esa suerte, y tampoco hay garantías de que tú la tengas si te casas con la mujer equivocada y tienes hijos con ella.

---

1. Review of General Psychology © 2009 American Psychological Association 2009, Vol. 13, No. 1, 59–65
2. US D.H.H.S. news release, March 26, 1999
3. Fulton County Georgia jail populations, Texas Department of Corrections, 1992
4. Centers for Disease Control
5. U.S. Department of Health and Human Services press release, Friday, March 26, 1999
6. US Dept. Of Health/Census

16

EL VEREDICTO DE STEVE - EL CONSEJO DE RICH FUNCIONA

Espero haberte dado una buena idea de lo eficaces que pueden ser los consejos de Rich cuando te esfuerzas y haces todo lo posible por vivir lo mejor posible (en lugar de revolcarte en la autocompasión y el victimismo). Una vez más, no soy GigaChad, no mido 1,90 m, no tengo la cabeza llena de pelo, no soy millonario (pero estoy trabajando en ello), y aún me queda una jodida tonelada métrica de trabajo por hacer.

Sin embargo, los resultados que he obtenido hasta ahora - desde el momento en que cogí mis propias pelotas allá por 2018, hasta ahora (Agosto de 2023)- me han cambiado la vida de verdad.

En 2014 ganaba una mierda de dinero y era un puto intento de "hombre" (más hombre-niño que otra cosa). ¿Y ahora? Estoy viviendo de verdad mi mejor vida hasta la fecha (y no hace más que mejorar). Tengo dos hijos pequeños increíbles que son mi razón para esforzarme más cada día. Quiero dar a mis hijos el mejor ejemplo posible, inculcándoles los conceptos que he aprendido en los últimos más de 9 años.

Mis ingresos se sitúan ahora firmemente en la categoría de los 100.000$ (entre mi carrera y mi negocio, en rápida expansión), ahora llevo ropa entallada (confeccionada por una mujer de mi ciudad que trabajó para algunas empresas de camisas de primer nivel en el Reino Unido) en mi físico más fuerte hasta la fecha, y ahora no tengo mentalidad de escasez en nada en la vida.

Es importante señalar que no he hecho todo lo que dice este libro al pie de la letra. Sin embargo, he aplicado los consejos de Rich de un modo que es congruente con mis objetivos vitales y mi personalidad particulares, y he descubierto que ha acelerado mi crecimiento personal de un modo que realmente nunca pensé que fuera posible.

Por supuesto, aún tengo que lidiar con una ex mujer muy conflictiva (a la que le encanta utilizar a nuestros hijos como armas cuando le conviene). Sin embargo, la mierda que tengo que soportar de mi ex mujer no es más que el coste de hacer negocios y es el precio que he tenido que aprender a pagar por tener a los dos seres humanos más increíbles del mundo junto con una cantidad de traumas que me cambiaron la vida y me obligaron a mirarme a mí mismo, y luego a encontrar la forma de cambiar mi vida a mejor.

> ¿Cómo no voy a estar agradecida por ello?

También he experimentado cómo es (y cómo se siente) un auténtico deseo ardiente por parte de las mujeres, y es algo totalmente distinto a lo que han sido mis relaciones del pasado. ¿Alguna de ellas es "la elegida"? No (porque "la elegida" no existe).

Por último, me gustaría agradecer personalmente a Rich la oportunidad de editar su libro, ya que me proporcionó un oportuno y conmovedor recordatorio del valor y la importancia de ser dueño de mi propia mierda como hombre mientras navegaba por mi divorcio de mierda. Sus llamadas 1-1 ofrecieron una visión y un valor reales y ya he conectado en persona con unos cuantos hermanos increíbles de la comunidad del 1% a nivel internacional (con varias reuniones más previstas este año).

Señores, hagan el trabajo y construyan la vida que quieren vivir. Os prometo que podéis hacerlo. Por supuesto, comete errores por el camino (al fin y al cabo, es una parte esencial del proceso), asegúrate de aprender de ellos y sigue creciendo y actualizando tu sistema de creencias. Espero verte en la comunidad del 1%, compartiendo con el resto de nosotros cómo tú también cambiaste toda tu vida a mejor.

17
EN CONCLUSIÓN

Ahí lo tienes. Varias de las mentiras más reconfortantes de la sociedad son aplastadas por una serie de verdades frías, duras e incómodas. Permitir que tus ojos se abran a estas verdades es la base del libro de jugadas definitivo para comprender cómo obtener mejores resultados en la vida y con las mujeres. En última instancia, transformarte en ese Alfa Desenchufado que quieres ser.

Este libro es sólo una introducción sin tonterías a las duras realidades a las que se enfrentan los hombres de todo el mundo hoy en día. Hay mucho más que desentrañar, que quizá publique en un libro futuro. El capítulo de las banderas rojas, por ejemplo, podría contener muchas más banderas rojas. Pero, en aras de la simplicidad, tuve que reducir ese capítulo a lo básico.

A lo largo de este libro, he hecho referencia a otros libros que te recomiendo encarecidamente que leas. Considera esos libros a continuación si quieres seguir recorriendo el camino para ser más alfa y masculino.

Cuando tomas la Píldora Roja, es como estar sediento y beber por primera vez de una manguera. Estás sediento de información, pero el gran volumen de información llega a ti con una intensidad y una velocidad impactantes.

Teniendo esto en cuenta, te sugiero que leas este libro varias veces. Especialmente si mis frías y duras bombas de verdad hacen que ese Beta que llevas dentro se sienta profundamente incómodo.

Si no conoces mi trabajo, te invito a que navegues por mis canales de YouTube "Entrepreneurs in Cars" y "The unplugged Alpha", que es un podcast que dirijo los lunes por la noche a las 20.00 h EST, para profundizar en las ideas de este libro. He subido casi 1.500 vídeos gratuitos para que los veas y aprendas de ellos. Son el complemento perfecto de la información y las lecciones de vida contenidas en este libro.

Del mismo modo, si quieres ponerte en contacto con hombres de ideas afines de todo el mundo que trabajan activamente para convertirse en un hombre del 1%, considera la posibilidad de unirte a mi comunidad privada de hombres. Ofrezco a mis miembros muchas ventajas exclusivas, incluido el coaching individual conmigo con descuento. Continúa tu viaje viendo el vídeo de introducción aquí: http://entrepreneursincars.com/community/

Mi sitio web personal es www.richcooper.ca

Por último, es esencial que recuerdes que el objetivo de desconectar de las mentiras reconfortantes que te ha contado la sociedad no es odiar a las mujeres, ni siquiera dejarte un mal sabor de boca. Se trata de comprender, y luego aceptar plenamente, las realidades de vivir la vida como un hombre fuerte, impulsivo y masculino. Lo cual incluye el requisito de estar verdaderamente en paz con las mujeres y no odiarlas por lo que nunca podrán ser para ti.

Paz,
Rich Cooper

18
GLOSARIO

Oneitis (del inglés one)

Apego malsano a una mujer por el que un hombre suspira desesperadamente por su amor, atención e intimidad. A menudo, a la mujer en cuestión le importa un bledo tu existencia. Los hombres que padecen "unitis" a menudo se aferran a la idea de que ella es su "único y verdadero amor", sólo para ver cómo se va con otro hombre. Todo ello mientras él sufre y se enfurruña en la miseria esperando que ella, algún día, vuelva.

Platos giratorios

Es un término utilizado para describir las citas simultáneas con varias mujeres de forma no monógama (también conocidas como citas ocasionales). Es una táctica que suelen utilizar los hombres que no están interesados en una relación monógama convencional. O por alguien que sabe que es propenso a desarrollar "oneitis", o a quien le gusta examinar a las mujeres para una relación de pareja/esposa proporcionando contraste, permitiendo que lo mejor acabe arriba como la espuma en el agua.

Es importante señalar que nunca afirmas abiertamente que estás girando platos. Simplemente lo haces, y dejas que tus acciones indiquen, por tu falta de disponibilidad, que estás girando platos. Las mujeres son, por naturaleza y sin saberlo, maestras en girar platos, y a menudo salen con varios hombres a la vez. A menos, claro está, que sientan que han encontrado su mejor opción hipergámica.

VMS (Valor de Mercado Sexual)

Valor propio de un individuo en el mercado sexual. Por ejemplo, tu físico, estilo, juego, complexión, niveles de confianza, etc., tienen un "valor" para las mujeres. Cuanto más persigas la excelencia, más alto será naturalmente tu VMS a medida que optimices cada área de tu vida.

"El muro"

Llega un momento en la vida de una mujer en que ya no puede competir realmente en el mercado sexual con mujeres más jóvenes y atractivas, y por tanto se han "dado contra la pared". La mujer es un objeto de belleza para el hombre, y su pico de SMV se sitúa en torno a los 23 años. A partir de entonces, va en constante declive.

Aunque nunca oirás abiertamente a una mujer admitir la existencia de "el muro", si alguna vez oyes hablar entre sí a mujeres divorciadas de más de 30 años, hablarán de dar sus "mejores años" y a menudo preguntarán a sus amigas "¿quién quiere a una treintañera con dos hijos a cuestas?". Les guste o no, saben que su principal activo está en declive muy constante.

La mujer puede acelerar su impacto con la pared con malos hábitos de vida, como fumar, beber, las drogas, o convirtiéndose en madre soltera. A la inversa, una mujer también puede retrasar ligeramente el impacto contra la pared dominando el autocuidado. En cualquier caso, una mujer atractiva de 23 años siempre será más atractiva para los hombres de alto valor que una mujer relativamente atractiva de 43 años (ya que esta última tiene un VMS más bajo).

Los hombres también chocan contra el muro, pero el declive de un hombre no empieza hasta mediados o finales de la treintena (o mucho más tarde si es un hombre de alto valor). Para más información, busca: "Qué es el (VMS) Valor de Mercado Sexual y El Muro" en mi canal de YouTube.

Siguiente suave ("Soft Next")

Un "soft next" consiste en cortar completamente el contacto con una chica durante unos días inmediatamente después de que muestre un comportamiento realmente malo (puede ser más tiempo, dependiendo de la frecuencia con que la veas o de lo malo que haya sido el comportamiento). No respondes a sus mensajes, llamadas o intentos de verte. Es esencialmente un ghosting a corto plazo.

El siguiente suave funciona porque ancla las consecuencias/emociones negativas al mal comportamiento. Para las mujeres, la atención es la moneda del reino, y eliminar tu atención restablece poderosamente tu marco como marco dominante en la relación.

Sin embargo, es fundamental que, al final de la siguiente suave, simplemente continúes la relación normal y actúes como si nunca hubiera pasado nada. Si ha captado la indirecta de que estás más que dispuesto a mantener firmes tus límites, estará más que encantada de volver a quedar contigo.

Prueba de mierda (shit test)

También conocida como prueba de competencia, las mujeres suelen poner a prueba a los hombres para ver si son su mejor opción (también conocida como hipergamia). Puede ser una pregunta o un comportamiento que ella exhibe para probar el marco de la relación, y observa cómo responde él.

Un ejemplo de prueba de mierda podría ser "Guárdame el bolso". Pero en realidad te está poniendo a prueba para ver si eres un buen macho beta obediente que hará lo que le digan y se quedará ahí de pie sujetándole el bolso como un cachorrillo obediente.

Un simple "No, no llevo accesorios femeninos" con una leve

mueca de desprecio sería suficiente. La hipergamia significa que las mujeres siempre pondrán a prueba de mierda a los hombres (ya sea consciente o inconscientemente), pero la frecuencia y la gravedad de las pruebas se reducirán casi a cero cuando ella esté totalmente en tu marco.

Hipergamia

La principal estrategia sexual de la mujer durante millones de años ha sido establecer una relación sexual con un hombre superior en la escala socioeconómica. A menudo se dice que la hipergamia no busca su propio nivel. Más bien, la hipergamia siempre busca algo mejor que ella misma.

Se trata de una técnica de supervivencia evolucionada para que ella y sus hijos encuentren siempre al mejor macho que pueda conseguir para su aprovisionamiento y protección. Cuando una mujer deja a un hombre por otro que considera de mayor valor, se debe a la hipergamia (también denominada a veces "saltar de una rama a otra").

Muchos hombres se enfadan con las mujeres por ser hipergámicas. Sin embargo, no tiene ningún valor enfadarse con una mujer por querer lo mejor que cree, con razón o sin ella, que puede conseguir. Comprende la hipergamia y haz que funcione para ti. Para profundizar en la hipergamia, busca "qué es la hipergamia" en mi canal de YouTube.

POSTFACIO

Conocí a Rich Cooper en 2016. Me resisto a llamarlo encuentro, ya que parece que hoy en día nadie conoce realmente a nadie cara a cara. Al menos no en las esferas online. Rich me contactó por correo electrónico y me pidió que le hiciera una entrevista en su podcast de YouTube, Entrepreneurs in Cars (Emprendedores en coches).

Diablos, ni siquiera di la cara hasta 2017, pero algo en el correo electrónico de Rich me pareció de una honestidad cruda. Siempre he sido muy reacio a hablar con tipos que me dieran una sensación de timadores, pero Rich no me dio esa sensación. Fue sincero en su aprecio por lo que puse en "El Hombre Racional" de una forma que me hizo pensar: "De acuerdo, me tomaré una hora para hablar con él".

Me alegro de haberlo hecho. Desde aquel primer encuentro, Richard Cooper se ha convertido en un buen amigo, un socio comercial y una mente con la que podía rebotar ideas. Es un hombre que ha experimentado mucho, tiene los galones para demostrarlo, pero sobre todo, fue honesto en sus valoraciones.

Rich es un tipo con el que quedaría para hacer planes si le hubiera conocido inicialmente en la vida real. No conocí a Rich cara a cara hasta septiembre de 2017. Pero, cuando lo hice, hablamos como viejos amigos. Sin pretensiones, sin admiración aduladora, sólo dos hombres que se relacionaban como hombres.

Postfacio

Creo que mencionó algo sobre que mi trabajo le había salvado la vida, pero más allá de eso, nos hicimos amigos rápidamente. Desde entonces, Rich y yo hemos trabajado en colaboraciones tanto buenas como desacertadas. Incluso en las peores decisiones, Rich ha demostrado ser un amigo bueno y equilibrado. Pero, a riesgo de glosarle demasiado, Rich es honesto consigo mismo, y éste es el requisito primordial de un verdadero autor.

Así pues, dejaré a Richard Cooper, y a ti lector, con un consejo de un autor a otro: Sé honesto contigo mismo y lee este libro con la intención de interiorizar las ideas que contiene.

- Rollo Tomassi, noviembre de 2020

LISTAS DE REPRODUCCIÓN DE EIC EN YOUTUBE

CON CÓDIGOS QR ESCANEABLES

Convertirse en un hombre

Cuidados personales

Consejos empresariales

Consejos monetarios

Consejos sobre citas

Consejos sobre el divorcio

Matrimonio

Paternidad

Podcast de TUA

Antes del naufragio

www.ingramcontent.com/pod-product-compliance
Lightning Source LLC
Chambersburg PA
CBHW071230080526
44587CB00013BA/1558